J. A. Roorda Smit

## Die Transvaal-Republik und ihre Entstehung

Ein historisches Dokument zur Begründung des guten Rechts der Bauern

J. A. Roorda Smit

**Die Transvaal-Republik und ihre Entstehung**
*Ein historisches Dokument zur Begründung des guten Rechts der Bauern*

ISBN/EAN: 9783743644762

Hergestellt in Europa, USA, Kanada, Australien, Japan

Cover: Foto ©ninafisch / pixelio.de

Weitere Bücher finden Sie auf **www.hansebooks.com**

# Die
# Transvaal-Republik
## und ihre Entstehung.

Ein historisches Dokument

zur

## Begründung des guten Rechts der Bauern (Boeren).

Aus dem Holländischen

mit Autorisation des Verfassers

**Dr. J. A. Roorda Smit.**

Mit einer Karte von Süd-Afrika.

**Der Reinertrag ist zum Besten der verwundeten Bauern.**

**Köln, 1881.**

**Verlag von Eduard Heinrich Mayer.**

Druck von M. DuMont-Schauberg.

# Vorwort

zur deutschen Übersetzung.

Der Verfasser des vorliegenden Werkchens hat längere Zeit in Süd-Afrika verweilt und Gelegenheit gefunden, mit den dortigen Zuständen und den Schicksalen der Bauern (Boeren) genauer bekannt zu werden und solche, zum Teil nach amtlichen Quellen, wahrheitsgetreu zu schildern. Er hat sich bemüht, seine Erzählung streng sachlich, gerecht und unparteiisch zu halten, so dass auch die innern Streitigkeiten, durch den unbeugsamen Charakter dieser Naturmenschen verursacht, nicht unerwähnt gelassen werden durften. Namentlich aber hat er dargelegt, wie unbegründet die in England nicht ungeflissentlich genährten Vorurteile gegen die Behandlung der Eingeborenen seitens dieser holländischen Kolonisten sind.

Ein grosses romantisches Interesse knüpft sich nicht an die hier geschilderten Kämpfe und Erlebnisse, und manche Einzelheiten müssen erwähnt werden, die klein erscheinen, aber nicht übergangen werden durften, weil sie mit der geschichtlichen Entwicklung in engem Zusammenhang stehen.

Die willkürlich geringschätzende Behandlung der englischen Behörden war für diese Bauern die zwingende Veranlassung, ihre gesicherten Wohnsitze und ein bequemes Leben aufzugeben, in die Wüste zu ziehen, sich harten Kämpfen und Mühseligkeiten zu unterziehen, um ein freies neues Vaterland zu gründen, dort unabhängig, nach eignem Recht und Gesetz zu leben.

Noch schwebt die Entscheidung, ob sie der Übermacht und der geschulten Taktik der englischen Truppen
gegenüber auf die Dauer ihre Unabhängigkeit behaupten
werden. Es besteht noch die Hoffnung, dass die englische Regierung die Sache nicht zum äussersten kommen
lassen wird, sondern den Kundgebungen der öffentlichen
Meinung, wie sie sich von allen Seiten und nicht zum
geringsten Teile bei vorurteilsfreien Engländern selbst
zeigen, nachgeben wird.

Wenn dies der Fall ist und die Unabhängigkeit der
Transvaal-(südafrikanischen)Republik, wie dies in 1852
bereits geschehen, von neuem anerkannt und nicht mehr
angefochten wird, darf man erwarten, dass dadurch den
weitern Kämpfen der beiden Nationalitäten auf afrikani-
schem Boden vorgebeugt wird, die dem Fortschritt der
geistigen Entwicklung und Civilisation in jenem Weltteile
nur zum empfindlichsten Nachteile gereichen müssen.

Die gerechte Sache der Bauern, ihr besonnener,
unerschrockener Mut im Kampfe, die bewiesene Huma-
nität nach demselben hat in Deutschland allgemeine
Teilnahme für sie hervorgerufen. Der Wunsch, dieser
Teilnahme eine für die Bauern praktische Seite abzu-
gewinnen, hat zu dieser Übersetzung Veranlassung gegeben. Der Reinertrag derselben soll nämlich an die
holländische Gesellschaft des „Roten Kreuzes" gesandt
werden, welche für die Pflege und ärztliche Hilfe bei den
Bauern die notwendigen Veranstaltungen trifft und die
dafür eingehenden Gelder nach dem Kap übermittelt.

Köln, im März 1881.

# I.

## Weshalb die Bauern die Kapkolonie verliessen.

Sehr bald, nachdem die Kapkolonie in 1806 von der
ohnmächtigen Batavischen Republik in die Hände Englands übergegangen war, entstand grosse Unzufriedenheit
mit der neuen Verwaltung. Die eigenmächtige Handelsweise der von England ausgesandten Gouverneure sowie
des Kolonial - Departements in Downingstreet, bei der
grossen Entfernung schlecht von dem wirklichen Sachver-
halt unterrichtet, erbitterte die Kolonisten. In 1815
wurden auf ungegründete Anschuldigungen, seitens zweier
Missionäre, Dr. van der Kemp und Read, verschiedene
der achtungswertesten Bauern vor Gericht gezogen, um
sich wegen angeblicher Misshandlung ihrer hottentottischen Diener zu verantworten. Die Untersuchungs-
Kommission, durch die englische Verwaltung nach den
Grenzen gesandt, suchte 75—80 Fälle dieser Art zusammen, wobei an die 1000 Zeugen erschienen sind.

Alle diese Anschuldigungen waren von jeglichem
Grund entblösst!

Im Oktober stieg die Erbitterung auf das höchste.
Ein Bauer, Friedr. Bezuidenhout, wurde bei der Kommission verklagt. Der Landdrost, dem der trotzige, un-
beugsame Charakter dieses Mannes bekannt war, sandte
einige Soldaten unter dem Befehl des Lieutenants Rousseau,
um ihn zu verhaften. Bezuidenhout, der sich mit einem
Griqua-Diener in seinem Hofe (Veekraal) verschanzt,
weigerte sich zu stellen und wurde getötet.

Die übrigen Glieder der Familie von Bezuidenhout
vereinigten sich unter der Führung seines Bruders Johannes, um die Kolonie gegen England in Aufruhr zu bringen.

Sie beabsichtigten zu diesem Zweck, sich mit einigen Häuptlingen der Kaffern zu verbinden, was jedoch misslang. Sie allein führten den Kampf fort, noch einige Zeit mit abwechselndem Glück, bis sie alle gefangen und fünf der Rädelsführer durch den Gouverneur der Kolonie zum Tode durch den Strick verurteilt wurden. welches Urteil am 6. März 1816 bei Slagters Nek vollstreckt wurde. Unglücklicherweise war das Schaffot nicht stark genug, so dass alle halb tot auf die Erde fielen.

Ihre Kraft war gebrochen, sie taumelten zu dem englischen Offizier hin, um Gnade zu flehen. Vergebens — ein zweites Schaffot wurde aufgeschlagen und erfüllte seinen Zweck. — Dieses Drama am 6. März 1816 bei Slagters Nek haben die Bauern nie vergessen!

Ausserdem bestanden noch vier gewichtige Klagepunkte gegen die englische Verwaltung.

Ich will versuchen, diese Klagepunkte kurz anzugeben.

Wir können sie benennen: 1) die Geldfrage, 2) das Verhalten der Bauern zu ihrer hottentottischen Bedienung. 3) zu ihren Sklaven, 4) zu ihren Nachbarn. den Kaffern.

1. General Janssens, als Bevollmächtigter der Batavischen Republik, hatte sich bestrebt, die Finanzen so viel als möglich festzustellen.

Sofort. als die englische Regierung die Verwaltung übernahm. wurden für die Beamten Gehälter bestimmt zu Lasten der Kolonie, die weit über deren Kräfte gingen.

Beispielsweise empfingen zehn der obersten Beamten in 1810 über 30 000 £ = 360 000 fl die übrigen im Verhältnis.

Die Folge davon war. dass man Banknoten ausgeben musste von 4 Shilling (2.40 fl), bis in 1824 eine Ordre aus Downingstreet kam. diese Banknoten wieder einzuziehen.

Diesem Auftrage wurde Folge geleistet, und reduzierte man den Wert der Noten von 4 Shilling auf 1½ Shilling in Silber, also auf ³/₈ des Nominalwerts. Die Kolonisten nannten dies einen betrügerischen Bankerott.

2. Die Bauern waren Landeigner und hatten zu Zeiten der Holländischen Kompagnie gelernt, sich die Eingeborenen nutzbar zu machen. Beiden ging es wohl dabei, die Hottentotten wurden gut genährt und arbeiteten gut für ihre Herren, von denen sie durchschnittlich sehr gut und wohlwollend behandelt wurden. Die Missionäre Dr. van der Kemp und Read jedoch betrachteten die Hottentotten als höhere Wesen und klagten daher gegen die Bauern wegen schlechter Behandlung. Wenigstens 95 % dieser Anschuldigungen haben sich als ungegründet erwiesen. Man hatte aber den Wind gesäet, und der Sturm konnte nicht ausbleiben. Die Hottentotten zogen ein Schlaraffenleben auf der Mission der Feldarbeit bei den Bauern vor. Durch die englische Verwaltung ermutigt, ihre ferneren Dienste zu weigern, fehlte ihnen bald der Lebensunterhalt, aber auch manche Bauern wurden dadurch zu Grunde gerichtet. Langsam bildeten sich aus diesen arbeitslosen Hottentotten Diebesbanden, die das Leben und Eigentum der Kolonisten bedrohten, von den englischen Beamten aber nur wenig daran behindert wurden. Die Bauern folgerten aus diesem Verhalten der Engländer, dass diese sie an die Hottentotten aufzuopfern gesinnt waren.

3. Die Bauern besassen Sklaven. Die englischen Beamten hatten dem Handel damit zwar etwas durch die Finger gesehen, ihn jedoch auf ein Minimum beschränkt. Die Folgen davon konnten nicht ausbleiben. Wo viel Arbeit ist und nur wenig Hände, muss die Arbeit gut bezahlt werden. Die Sklaven wurden sehr teuer, und es kam vor, dass man trotz der herrschenden Geldnot für einen

guten Sklaven, bis 600 £ = 7200 fl zahlte. Ein solch teurer Sklave musste gut gehalten und ernährt werden.
Bald nach 1815 verordnete das englische Gouvernement, dass der Sklavenhandel aufhören müsse. In 1826 wurde ein Beamter ernannt zum Schutze der Sklaven. Dieser Beamte bestimmte die Arbeitszeit etc. und machte die Eigner dafür verantwortlich.

Die Sklaven erkannten sofort diese Veränderung ihrer Lage. Es regnete Klagen, und zu unserem gerechten Bedauern müssen wir hinzufügen, regnete es ebenso ungerechte Verurteilungen der Eigner. Nachdem die Kolonisten in einer Anzahl von 3- bis 4000 persönlich bei dem Gouverneur auf eine Abstellung der für sie so unbilligen Bestimmungen fruchtlos angedrungen hatten, beschlossen sie, aus eigenen Kräften die Abschaffung der Sklaverei mit grösster Energie zu befördern.

Sie errichteten einen Philantropischen Verein mit dem Zwecke: 1) alle jungen Sklavinnen zu kaufen und sofort freizustellen; 2) zu sorgen, dass diese Mädchen eine geeignete Erziehung und ein wenn auch sehr kleines Kapital an Geld erhielten. Ihre Kinder sollten natürlich frei sein.

Dieser Verein hatte einen glänzenden Erfolg. In Zeit von ein paar Jahren waren 300 Mädchen losgekauft und freigelassen.

Beinahe alle Sklaveneigner boten dem Verein ihre junge Sklavinnen zum Kaufe an. Wegen Mangels an Geld konnte man dem nicht entsprechen. Der Verein bat darauf das englische Gouvernement um Unterstützung. Diesem Gesuche legte man eine Berechnung bei, wodurch man mit einer Subsidie von 70 000 bis 80 000 £ in zehn Jahren, etwa um 1830, der Sklaverei ein Ende machen könne. Dieses Gesuch wurde zurückgewiesen, und verlangte die Regierung zu gleicher Zeit eine sofortige Abschaffung der Sklaverei. Alle Strafbestimmungen zum Schutze der Sklaven wurden verschärft.

Das englische Volk stellte um diese Zeit 20 000 000 £ zur Verfügung für die Abschaffung der Sklaverei, um die Eigner in den Kolonien dadurch schadlos zu machen. Von dieser Summe entfiel auf die Kapkolonie 3 000 000 £, 85 £ auf jeden Sklaven.

a) Viele Eigner hatten Vorschuss genommen auf ihre Sklaven, die ihnen so viel gekostet hatten und die jetzt auf ein Sechstel und noch weniger des frühern Preises fielen.

Infolge dessen gingen viele Besitzer von Sklaven zu Grunde und wurden an den Bettelstab gebracht.

b) Den Kolonisten auf dem Lande wurden alle Arbeiter entzogen, da die freigemachten Sklaven alle nach der Kapstadt gingen. Die Ernte der Bauern konnte nicht hereingebracht werden und das sehr wertvolle Grundeigentum in den Grenzbezirken fiel auf ein Viertel des ursprünglichen Preises. Allgemein war die Unzufriedenheit der Kolonisten, die bei ihrem einfachen Sinne nicht einsehen konnten, weshalb die englische Regierung nicht die Vorschläge des Philantropischen Vereins angenommen, wodurch mit geringem Schaden für die Eigner die Emanzipation hätte durchgeführt werden können.

Der Tag der Emanzipation fiel auf den 1. Dezember 1838.

Dies war jedoch noch nicht alles. Die 3 Millionen mussten viele Hände passieren, bis sie schliesslich an die Eigner kamen, die im ganzen nur 1 200 000 £ erhielten, so dass nicht weniger als 1 800 000 £ an den Händen der Beamten haften blieben. Die Eigner erhielten für jeden Sklaven 33 £ 12 s. In Wahrheit eine ausserordentlich merkwürdige, menschenfreundliche Emanzipation!

Viele Kolonisten hatten das Ende dieses Possenspiels nicht abgewartet; als sie einsahen, welches Schicksal ihrer als Stiefkinder der britischen Krone harrte, verliessen sie die Kolonie in 1835, um in den Wüsten von Centralafrika sich ein neues Vaterland zu gründen.

Als Kuriosum möge hier noch angeführt werden, dass verschiedene Sklaveneigner zu stolz waren, die genannte lächerliche Entschädigung für ihr Eigentum anzunehmen. In diesem Augenblick befinden sich davon noch 5000 £ in der Kapkolonie, Rest von den berühmten 3 Millionen, die auf der Reise von England nach dem Kap auf 1 200 000 £ reduziert worden waren.

4. Ein vierter Punkt, Quelle grosser Unzufriedenheit unter den Kolonisten, war die sogenannte Kaffernfrage. Die Kapkolonie grenzt östlich an die Kaffern. In 1812 waren die Kaffern durch ein Kommando aus den damaligen Grenzen der Kolonie vertrieben worden. Durch das laue Benehmen der englischen Verwaltung bei dem Schutze der Grenze, die sie eigentlich ganz ihrem Schicksal überliess, wurden die Kaffern ermutigt, in 1815—1816 einen Einfall in die Kolonie zu unternehmen.

Den Kolonisten, auf ihre Anfrage, ob sie sich selbst verteidigen sollten, wurde dieses von der Verwaltung geweigert und ihnen streng verboten, Vergeltung zu üben.

Bei den fortdauernden Klagen der Bauern über diesen unhaltbaren Zustand beschloss der damalige Gouverneur der Kolonie, Lord Somerset, durch eine Besprechung mit den Häuptlingen der Kaffern diese zur Ehrlichkeit und andern Tugenden zu ermahnen. Er that dies in 1817 und hatte wirklich damit einigen Erfolg bei den Stämmen unter der Führung von Gaika und T'sambie. In 1818 hatten die Kaffern jedoch alle diese guten Ermahnungen vergessen. Die eigentümliche Anziehungskraft, welche die Herden der Bauern auf sie ausübten, war stärker als alle guten Lehren der englischen Statthalter. Nachdem sie dafür eine leichte Strafe empfangen hatten, hielt man es wieder für nötig, die Bauern selbst gegen die Kaffern anzurufen. Dass diese wirklich eine gefährliche Macht entwickelten, zeigt ihr Anfall auf Grahamstown in 1819. Unter der Anführung eines sogenannten Zauberdoktors Makanna (bekannt auch unter dem Namen Lynx) wäre es ihnen beinahe gelungen, das Städtchen mit der Garnison zu überrumpeln. Dieser Anfall von Makanna hätte der englischen Verwaltung zu einer ernsten Lehre und kräftigerem Schutze der Kolonisten an den Grenzen dienen sollen.

Jedoch, kaum war der Anfall abgeschlagen, als die Behörde wieder in die frühere Apathie verfiel und den Schutz der Kolonisten innerhalb ihrer Grenzen verabsäumte. Hin und wieder geschah etwas, jedoch nur halbe Massregeln unter den verschiedenen Statthaltern, manchmal sich gegenseitig widersprechend. Dieser Zustand dauerte bis 1834.

In jenem Jahre tauchten wieder einzelne Stimmen auf unter den Bauern, ein neues Vaterland zu suchen. Unter der Anführung von Uys, de Lange und Maritz unternahmen sie einen Zug nach Natal, um zu sehen, ob sich dieses Land zu einer Niederlassung eignete.

Sie waren noch darin begriffen beim Ausbruche des grossen Kaffernkrieges in 1834.

Gerade jetzt schien die Kolonie einer Periode bessern Gedeihens entgegenzugehen unter dem neuen Statthalter Sir Benjamin d'Urban, der das möglichste aufbot, die verkehrten Massregeln seiner Vorgänger wieder gut zu machen und die Emanzipation der Sklaven den Kolonisten in etwa zu erleichtern. Es gelang ihm nicht, diesen Augiasstall zu reinigen.

Seit langer Zeit war der Stand der Dinge an der östlichen Grenze sehr gefährdet.

Die dringenden Bitten der Kolonisten um Schutz für ihr Leben und Eigentum waren von den frühern Statthaltern beiseite geschoben worden. Die Kaffern hatten mächtige Bundesgenossen in der Kapstadt, wo Dr. Philips, ein Missionar, Herausgeber des Commercial Advertiser, keine Gelegenheit vorübergehen liess, die Tugenden der braven Kaffern gegen die so weit unter ihnen stehenden Bauern dem Publikum aufzutischen.

Durch dergleichen Umtriebe erkannte man nicht den

drohenden Zustand an den Grenzen. So sehr auch vernünftigere, richtiger denkende Männer wie Sir John Wylde und Henry Cloete vor dem heranschreitenden Unheile warnten, man schenkte mehr Gehör den philanthrop'schen Abhandlungen von Dr. Philips. Gegen Ende December 1834 überfielen die Kaffern die ganze östliche Grenze, ermordeten die Kolonisten und raubten ihr Vieh. Diese traurige Nachricht erreichte die Kapstadt am 31. Dezember. Sofort wurde Oberst Smith (später Sir Harry Smith) dahin dirigiert; die Behörden waren aber nicht vorbereitet und hatten nur 1100 bis 1200 Mann Truppen. Oberst Smith organisierte darauf Freiwilligenkorps aus den Bauern. Die Söhne, Waffen, das Vieh, die Munition der Bauern wurden requiriert, um die englische Autorität an den Grenzen wiederherzustellen.

Wie Ein Mann standen die Bauern dem englischen Befehlshaber zur Seite, nachdem ihnen durch denselben im Namen des englischen Gouvernements vollständige Entschädigung für alle ihre Lieferungen zugesagt war.

Von dieser Entschädigung haben die Bauern nie einen Heller gesehen. Die statistische Aufstellung der Verluste der Bauern in den östlichen Grenzdistrikten umfasst:

456 Wohnstellen verbrannt und verwüstet,
350 „ geplündert und beraubt,
60 Wagen durch die Kaffern weggenommen und zerstört,
5 715 Pferde,
111 930 Stück Hornvieh und
161 930 Schafe,

ausserdem noch die Munition, Menschen etc., die für die englische Expedition requiriert und wofür ebensowenig irgend eine Entschädigung gegeben worden ist.

Der Gesamt-Betrag dieses Verlustes ist mit 3 600 000 fl nicht zu hoch angenommen, welcher sich auf 300 Bauern in den Grenzdistrikten verteilt, so dass jeden einzelnen ein Schaden von 12 000 fl trifft.

Es war die Absicht von Sir Benjamin d'Urban und Oberst Smith, die Bauern dafür zu entschädigen, sie fanden aber in London kein Gehör. Der damalige Minister der Kolonien, Lord Glenelg, erklärte in einer Verfügung vom 26. Dezember 1835: 1) dass der Gouverneur der Kolonie den Krieg sehr unverständig und in barbarischer Weise geführt; 2) dass die Kaffern ganz in ihrem Rechte waren; 3) dass den Bauern keine Entschädigung gegeben werden würde.

Lord Glenelg war augenscheinlich unter dem Einflusse der Missionare und Philantropen von Exeter Hall, die durch einen geistreichen englischen Schriftsteller eine „Versammlung gutherziger Schwachköpfe" genannt wurden und von einem englischen Staatsmanne „das Geschwätz von Exeter Hall". Die Bauern hatten endlich eine Verwaltung, die ihr Wohl beherzigte. Der edle, wackere Statthalter Sir Benjamin d'Urban wurde aber, weil er ihr Freund war, als Barbar verschrieen und ihm in der Person des Vice-Gouverneurs ein Hemmschuh angelegt. Als die Depesche von Lord Glenelg bekannt wurde, kamen die Kolonisten nochmals zu der Überzeugung, dass sie nur als Stiefkinder von der britischen Krone behandelt wurden. Sie stellten ihre Beschwerden zusammen: 1) die Einziehung der Banknoten zu dem verringerten Wert; 2) die Veränderung ihres Verhältnisses zu ihren hottentottischen Untergebenen; 3) den ungünstigen Modus der Sklaven-Emanzipation; 4) die schmähliche Weise, wie sie in dem Kriege mit den Kaffern von dem englischen Gouvernement behandelt worden waren.

Sie sahen, wie ihr Leben und Eigentum von ihrer eigenen Regierung unbeschützt gelassen: eine jahrelange Erfahrung hatte sie gelehrt, dass ihren Gegnern, ihnen gegenüber, immer Recht gegeben werde. Sie beschlossen darauf, die Kapkolonie zu verlassen und ein Land zu suchen, wo sie ruhig unter ihrer eigenen Verwaltung nach deren Gesetzen gerecht behandelt würden.

1**

## II

## Erster Auszug. Die Republik Natal.

Nachdem dieser Beschluss gefasst, wurde ohne Verweilen zu dessen Ausführung geschritten. Anfang 1836 verkauften die Bauern ihre ausgedehnten Besitzungen, mitunter zu Spottpreisen.

Die englische Regierung trachtete diese Bewegung zu hemmen, jedoch umsonst. Einzelne englisch Gesinnte beriefen sich auf ein Gesetz *(Ne exeat Regno)*, welches jedoch bloss auf Angeklagte oder Verdächtige anwendbar, um den Auszug der Bauern zu verhindern. Auf eine Anfrage der Bauern musste der Vice-Gouverneur, General-Lieutenant Stockenstrom, Adlatus des Statthalters Sir Benjamin d'Urban, zugeben, dass das genannte Gesetz auf sie keine Anwendung fände.

Die Auswanderung ging nunmehr ungehindert vor sich. Mit ihr nimmt die Geschichte der Heldenperiode des südafrikanischen Volks ihren Anfang.

Kurz nach der Erklärung von Stockenstrom zogen 200 Kolonisten unter der Führung von Hendrik Potgieter nach Norden. Sie gingen über den Oranjefluss. Bei Thaba Unchu, nahe bei dem gegenwärtigen Bloemfontein, wurden sie durch Moroka, das Oberhaupt der Barolongpartei, empfangen. Es folgten bald weitere Abteilungen unter Gert Maritz, Jacobus Uys, Karel Landmann und dem tapfern Retief. Die Gesamtzahl betrug sehr bald 10 000 Mann.

Da sie meinten, noch weiter gehen zu müssen, zogen einzelne bis in das jetzige Transvaal. Hier stiessen sie auf den Stamm des Matabele, damals unter Moselekatze. Verschiedene Kolonisten kamen dabei ums Leben und ihr Vieh wurde ihnen geraubt. Die übrigen retteten sich, indem sie von ihren Wagen eine Art Wagenburg machten, worin die Lücken durch Dorngesträuch ausgefüllt wurden.

Durch die Kaffern umlagert, gelang es ihnen, einen Boten nach Thaba Unchu zu ihren Freunden zu senden. Sofort kam ihnen Gert Maritz mit 200 wehrbaren Männern zu Hülfe. Er griff den Häuptling in seiner Festung Mosiga an den Quellen des Limpopoflusses an. Nach einem hartnäckigen und blutigen Gefechte wurden die Kaffern besiegt.

Moselekatze fand keinen Gefallen an der neuen Bekanntschaft; er sammelte seine Streiter und zog sich nach dem Norden von Transvaal — jenseits des Limpopo — wo der Stamm jetzt noch seinen Wohnsitz hat, zurück. Da Moselekatze den südwestlichen Teil von Transvaal von den Bechuana erobert hatte und die Bauern ihn gezwungen, weiter nordwärts zu ziehen, wurden die letzteren die rechtmässigen Besitzer von diesem Teile des Transvaalgebiets.

Nachdem Maritz in das Lager bei Thaba Unchu zurückgekehrt, fand er dort unter den neu Angekommenen seinen Freund Retief. Retief, der stets und mit Recht grosses Ansehen bei den Bauern genoss, wurde von ihnen zum Ober-Befehlshaber ernannt.

Diese Ernennung gefiel nicht denjenigen, die mit Potgieter und Uys gekommen waren; sie trennten sich von den übrigen und zogen nach Natal. Retief beschloss, das Gleiche zu thun.

Nachdem die Bauern einen Übergang gefunden über die Drakenberge, wo solche das jetzige Natal von dem Oranje-Freistaat trennen, zogen sie da herüber; gegen Ende 1837 waren beinahe 7- bis 8000 Menschen mit etwa 1000 Wagen auf dem Natalgebiet angekommen.

Sie fanden Natal fast ganz entvölkert; wenige Jahre vorher hatte der Zulukönig Chaka den grösseren Teil der Bevölkerung hingemordet.

Sie wussten jedoch, dass das Land das Eigentum war von Dingaan, dem Mörder und Nachfolger von Chaka.

Retief beschloss, den Versuch zu machen, das Land von Dingaan zu kaufen.

Zu diesem Zweck besuchte er den Zulukönig, fand aber einen kühlen Empfang. Nach einiger Aufklärung jedoch über einen Viehdiebstahl, den man den Bauern zur Last gelegt und woran sie nicht schuldig waren, nahmen die Verhandlungen einen besseren Gang, namentlich durch die Vermittlung eines redlichen Missionars, Owen, der bei Dingaan verweilte.

Der König entliess Retief unter der Bedingung, dass dieser ihm das Vieh zurück sollte verschaffen, welches ihm durch Sikonyella, Oberhaupt des Bechuana-Stammes, von den Weissen Bergen (jetzt Harrysmith, O. V. S.) geraubt worden war. Retief gelang es, diese Bedingung zu erfüllen, und er begab sich im Januar 1838 nach Umgongkloof, dem Aufenthalt von Dingaan, um dort den Traktat abzuschliessen. In seinem Gefolge befanden sich 73 junge Bauern und etwa 30 Hottentotten, sämtlich beritten.

Der Vertrag wurde am 4. Februar geschlossen; am folgenden Tage gedachte Retief abzureisen. Der König liess ihm und seinem Gefolge ein Abschiedsmahl bereiten. Während ein Zulu-Regiment einen Kriegstanz aufführte, erscholl plötzlich Dingaans Befehl: „Boelala amatagate!" (Schlagt die Zauberer tot!) Kein einziger von der Expedition entrann dieser Metzelei.

Sofort nach Ausführung dieser Heldenthat sandte Dingaan seine Banden gegen das Lager der Bauern. Niemand war auf diesen nächtlichen Anfall vorbereitet und sind viele Bauern dabei umgekommen. Mit der Wut der Verzweiflung wurde gestritten, und so gelang es, die Kaffern zurückzuschlagen.

Verstärkt durch Zuzug aus der Kapkolonie zum Beistand der Stammesgenossen unter Anführung des tapfern Andries Pretorius, haben sie in vielen blutigen Treffen die Zulu-Regimenter von Dingaan auf das Haupt geschlagen. Panda, ein jüngerer Bruder Dingaans, der zu ihnen geflüchtet, um den auf ihn gerichteten Mordanschlägen des Zulukönigs zu entgehen, leistete ihnen dabei kräftigen Beistand.

Es führt zu weit, umständlicher auf diese Kämpfe
einzugehen und die mannhaften Thaten, wodurch sich
die Bauern, und namentlich Pretorius, Maritz, Potgieter,
Uys und Landmann auszeichneten, hier einzeln zu ver-
zeichnen. Die Hauptschlacht, die Dingaan gänzlich vernichtete,
geschah im Januar 1840. Am 14. Februar erliess Andries Pretorius, der neu
erwählte Oberbefehlshaber, eine Proklamation, welche
Panda zum König der Zulus ausrief, Natal in Besitz
nahm und dessen Grenzen bestimmte. Diese Besitznahme fand statt unter ausdrücklicher Genehmigung des
rechtmässigen Königs Panda. Schon früher hatten die
Bauern Verträge mit den inländischen Häuptlingen im
Vrystaat geschlossen und waren dadurch Eigner des
Landes geworden.

Was geschah inzwischen von seiten der englischen
Regierung? Als die Bauern durch den Krieg mit Dingaan
vollauf beschäftigt waren, landete ein Häuflein englischer
Soldaten in der Natal-Bai, um davon Besitz zu nehmen
durch eine Proklamation des neuen Statthalters vom Kap,
Sir George Napier, 14. November 1838, im Namen der
englischen Regierung.

Glücklicherweise waren die englischen Befehlshaber in
der Natal-Bai, Major Charters, und nach ihm Kapitän
Jarvis, gemässigte Leute, so dass der Friede nicht ge-
stört wurde. Um jene Zeit wurde das jetzige Pieter-
Maritzburg (nach Pieter Retief und Gert Maritz so genannt) und d'Urban (Congella) gegründet.

Die Proklamation von Sir George Napier wurde
nicht durch den damaligen Kolonialminister in England
gutgeheissen, in einer ziemlich scharfen Note wurde
erwähnt, dass man eine Ausdehnung der Kolonie jetzt
nicht wünsche. Kapitän Jarvis wurde zurückberufen und
man überliess die Bauern ihrem Schicksal in der Zeit,
als Panda zum Könige proklamiert war.

Die Bauern verlangten mehr, sie wollten durch

England als selbständige Nation anerkannt werden. Am
1. September 1840 richteten sie ein Schreiben an Sir
George Napier, mit dem Ersuchen, ihre Unabhängigkeit
offen anzuerkennen. Sir George antwortete ganz kurz, sie möchten ihm
ihre Bedingungen mitteilen. Die Bauern thaten dies,
erhielten aber keine Antwort.

Ein Angriff auf einen Kaffernhäuptling, n'Lapai,
der ihnen Vieh gestohlen, gab an Sir George einen neuen
Vorwand, die Annexation von Natal zu proklamieren.
Ebenso wie früher die sogenannten Philantropen den
Bauern gegen Moselekatze und Dingaan Unrecht gegeben,
so jetzt wieder nannte man ihre Abwehr des n'Lapai
eine barbarische Handlung.

Sir George sandte Kapitän Smith mit 300 Mann
und ein paar Geschütze über Land nach Natal, um die
Bauern zur bedingungslosen Unterwerfung zu zwingen.

Durch unwahre Rapporte täuschte er zugleich die
englische Regierung, welche die Annexation guthiess.
Ein etwas hochtrabend gehaltener Notenwechsel fand
darauf zwischen dem Gouverneur und den Bauern statt.

Während dieser Zeit verhielt sich Kapitän Smith
mit seinem kleinen Häuflein ruhig am Fuss des Draken-
bergs, in der Erwartung, dass ihm der Befehl zum Handeln erteilt werden würde.

Um diese Zeit ankerte ein holländisches Schiff,
Brazilie, in der Natal-Bai. Der Supercargo Smellenkamp (gestorben als Landdrost von Bloemfontein) erklärte den Bauern, dass er von Holland herübergekom-
men sei, um mit ihnen Beziehungen anzuknüpfen.

Die Sympathie der Bauern für Holland erwachte,
sie bereiteten Smellenkamp, einem Manne von angeneh-
men Formen, einen festlichen Empfang.

Er stellte den Bauern vor, dem König von Holland
das Protektorat über ihre Republik zu übertragen, wozu
sie sich auch entschlossen, ohne die Tragweite zu kennen.

Inzwischen erhielt Kapitän Smith Befehl (1. Mai 1842),

gegen die Bauern zu ziehen. Als Deckung zur See sandte man ihm die Schiffe Pilot und Mazeppa mit einigen Geschützen. Munition etc. Da kein Bauer sich an der Bai befand, so ging die Besitznahme sehr leicht vor sich.

Bald darauf schlugen die Bauern Kapitän Smith gegenüber ein Lager auf. Nachdem man sich 14 Tage lang unthätig beobachtet, beschloss Kapitän Smith, das Lager der Bauern energisch anzugreifen. Unglücklicherweise für ihn war es heller Mondenschein und hielten die Bauern gute Wacht. Von den 140 Engländern, die den Angriff unter Lieutenant Wyatt versucht, fielen 103 mit dem kommandierenden Offizier. Die Kanonen, die sie mit sich führten, wurden von den Bauern genommen.

Doch dabei liessen die Bauern es nicht bewenden. Sie nahmen auch die Schiffe weg und schlossen die englischen Truppen so eng ein, dass diese zuletzt ihre Pferde schlachten mussten, um sich zu ernähren.

Der unglückselige Kapitän Smith war gefangen. Zu seinem Glück fand er unter den Engländern, die sich damals schon in d'Urban niedergelassen, einen Mann, Dick King, der Mitleid mit ihm hatte und ihm anbot, Depeschen nach Grahamstown zu bringen, was ihm auch gelang, nachdem er Kaffraria durchzogen.

Die Bauern hatten sich mit der Einschliessung des Kapitän Smith begnügt, ohne ihn weiter zu belästigen, in der Hoffnung, dass England doch noch dazu übergehen würde, ihre Unabhängigkeit anzuerkennen.

Als die Nachricht von Kapitän Smiths Einschliessung in Kapstadt bekannt wurde, sandte man sofort das 25. Regiment, welches im Begriff stand, nach Ostindien zu gehen, nach Natal unter Oberst Cloete.

Am 24. Juni landeten die Truppen in der Bai, in einem Gefecht am 25. wurden die Bauern zurückgedrängt und Kapitän Smith entsetzt.

Die Bauern beschlossen darauf, zu unterhandeln, in Maritzburg, wohin sie ihr Hauptquartier verlegt hatten.

Die Kommission. die man nach dem englischen Hauptquartier entsandt. überschritt ihre Vollmacht. In der
Hauptsache nahm sie die Bedingungen von Oberst Cloete:
Unterwerfung unter die Krone Englands, an. Es sollte
eine allgemeine Amnestie verliehen werden mit Ausnahme
von Andries Pretorius und einiger anderer Männer von
Einfluss.

Auf diese Weise ist Natal eine englische Kolonie
geworden.

Die wenigen Bauern, die sich auf dem Gebiet des
Vrystaats befanden, waren von der Übereinkunft aus-
geschlossen. Sie bildeten für sich eine kleine Republik.

Noch vor der Annexation hatte der Volksrat das
Land verteilt und jedem Ansiedler 4000 Morgen zugewiesen. Sie hatten bereits angefangen, sich einzurichten, als die englische Regierung es für gut fand,
diese Landbewilligung auf 2000 Morgen zu reduzieren
und den Bauern das Übrige wegnahm.

Gleichzeitig forderten die englischen Behörden die
Kaffern im Zululande auf, nach Natal überzusiedeln.
Einige der mächtigen Familien, die mit ihrem Könige
Panda unzufrieden waren. liessen sich in Natal nieder.
Die Ländereien, die man den Bauern weggenommen.
wurden ihnen geschenkt. Die Kaffern stahlen das Vieh
der Bauern. Man verbot den letzteren, dagegen Re-
pressalien zu nehmen.

Die Beschwerden der Bauern fanden kein Gehör.
Die englische Presse hatte sie stets als Barbaren geschildert und die Regierung liess sich leiten von den
Philantropen in Exeter Hall, denen es nun einmal un-
möglich ist. von den Farbigen Schlimmes zu denken.

Noch einmal beschlossen die Bauern. das englische
Gebiet zu verlassen und ihr Eigentum preiszugeben.
In 1848 gingen sie unter Führung des tapfern Pretorius
nach Transvaal. sich dort ein neues Heim zu gründen.

## III.

### Zweiter Auszug. Kolonisierung des Transvaalgebiets und des „Vrystaat".

Bereits in 1838 war Potgieter, unzufrieden mit dem Lauf der Dinge in Natal und nicht gesinnt, sich der Leitung von Pretorius zu unterwerfen, mit seinen Anhängern nach Transvaal gezogen, von wo die Bauern, wie bereits erwähnt, Moselekatze vertrieben hatten. In 1839 gründete er dort die Stadt Potchefstroom (von Potgieter. chef und Stroom Fluss) an dem Mooiflusse. Es wurde dort eine kleine Republik gegründet, mit dem nötigen Zubehör: Volksrat, Landdrost u. s. w. Er selbst war Ober-Befehlshaber. Hier erschien wieder Smellenkamp; man hatte ihm in 1843 nicht erlaubt, in Natal zu landen. Er segelte darauf nach der Delagoabai und schrieb von da an Potgieter, indem er dessen Aufmerksamkeit richtete auf ein paar Proklamationen von seiten englischer Beamten, die ganz Süd-Afrika bis zum 26⁰ südlicher Breite als englisches Territorium erklärt hatten.

Potgieter beschloss darauf, nördlich von 26⁰ s. B. zu gehen. Das Terrain, welches man von Moselekatze eroberte, lag innerhalb der Grenzen von dem durch England in Anspruch genommenen Lande.

Potgieter hatte Land gekauft von Sequati, dem Vater des später so bekannt gewordenen Secoecoeni, dem Oberhaupte der Bapodi. Als jedoch Hans Steyn, den die Bauern an die portugiesischen Autoritäten in Delagoa entsandt, zurückkehrte, teilte er ihnen mit, dass sie durch Sequati betrogen waren, dass ihm das Land, welches er ihnen verkauft, gar nicht zugehörte.

Sequati war nämlich ein Vasall von Sapuza, dem Oberhaupte der Amazwasi. die sich Sequati durch die Waffen unterworfen hatten.

Steyn wurde darauf zu den Amazwasi gesandt, um von ihnen Land zu kaufen. Sapuza war inzwischen

gestorben und seine Witwe regierte für ihren minder-
jährigen Sohn Umzwas. Mit ihr wurden Unterhandlungen
angeknüpft, deren Resultat die Bauern durch rechts-
kräftigen Kauf zu Eignern des Distrikts Lydenburg mit
dessen angrenzenden Strichen (Middelburg, Zoutpansberg etc.) machte. Gleichzeitig wurde mit der portugiesischen Regierung durch deren Gouverneur von Mo-
zambique und Delagoa ein Traktat abgeschlossen, zur
Bestimmung der Grenzen und Anknüpfung eines freundschaftlichen Verhältnisses.

Das ganze Transvaal-Land war also durch
die Bauern, zum Teil durch Eroberung, zum
Teil durch regelmässigen Kauf als ihr Eigentum erworben worden.

Potgieter liess sich mit den Seinigen in Lydenburg
nieder und gründete dort eine Republik. Etwas später
entstand die kleine Republik Zoutpantsberg, die zwar
eine eigene Verwaltung hatte, jedoch mit Lydenburg eng
verbunden blieb. Wir kehren von diesen beiden Republiken nach Natal zurück.

Wir erwähnten bereits, dass die gegründeten Beschwerden der Bauern von den englischen Behörden
nicht beachtet wurden. Durch die Kaffern sahen sie sich
ihres rechtmässigen Eigentums beraubt. Viele mussten
erfahren, dass ihnen die Frucht jahrelanger schwerer
Arbeit in einem Augenblick durch die Kaffern genommen
wurden, und zwar alles unter den Augen der englischen
Regierung, die sie verhinderte, sich gegen die Eingeborenen zu verteidigen. Immer wieder das alte Verfahren.
Man behandelte die Bauern ohne alles Recht und Billig-
keit, weil die Herren in Exeter Hall die Kaffern als die
friedlichsten, besten Menschen betrachteten.

In 1847 war Natal zu einer Kaffern-Ansiedlung herab-
gesunken, die Kaffern waren dort die Herren und Meister.
Die Bauern wurden durch sie misshandelt und beraubt
und von den englischen Beamten mit einer Unbilligkeit
und Willkür behandelt, die kaum glaublich erscheint.

Die Bauern, nachdem sie vergebens bemüht gewesen, die Lokalbehörden von Natal günstiger für sich zu stimmen, beschlossen, noch einen Versuch zu machen zur Abstellung ihrer Beschwerden. Sie sandten Andries Potgieter an Sir Henry Pottinger, den damaligen Gouverneur am Kap, ihm ihre Klagen vorzubringen.

Pretorius traf auf dem Wege nach dem Kap mit einem Kolonisten aus dem Vrystaat zusammen, der sich ebenfalls bei dem Statthalter zu beklagen hatte. Schon früher erwähnten wir, dass einige Bauern nicht nach Natal gegangen und im Vrystaat zurückgeblieben waren. Die Bevölkerung des letzteren hatte ziemlich beträchtlich zugenommen durch neuen Zuzug aus dem Kap (1840--1847). Bei der Annexation von Natal in 1838 durch Sir George Napier war sie nicht mit einbegriffen. Dessenungeachtet hatte man sie verschiedentlich durch hochtönende Proklamationen annexiert; diejenigen von Sir George Napier und dem Richter Mongles (1842) zeichneten sich besonders durch glänzende Phrasen aus. In den meisten Fällen hatte man diese Proklamationen widerrufen. Die Kolonisten des Vrystaats proklamierten in 1842 die Republik unter dem Oberbefehlshaber Mocke.

Ihr Verhältnis zu den Eingeborenen war sehr gut und liess nichts zu wünschen, ausser mit den Griquas, Mischlinge von Weissen und Hottentotten. Diese standen unter dem unmittelbaren Schutze der London Missionary Society. Mitglieder dieser Gesellschaft, welche die Griquas mit Waffen und Munition versehen hatten, reizten sie auf gegen die Bauern. In 1845 fand sich ein Vorwand, solche anzugreifen. Der Feldkornet Jan Krynouw hatte zwei Kaffern wegen Diebstahls zu 25 Stockschlägen verurteilt. Als dieses Urteil vollstreckt werden sollte, suchten die Griquas Krynouw festzunehmen. Als sie ihn nicht antrafen, erbrachen sie sein Haus und stahlen seine Waffen.

Die Bauern wollten den Frieden erhalten. Sie sandten

einen der ihrigen, Grobbelaar, zu den Griquas, um ihnen das Rechtmässige der verhängten Strafe auseinander zu setzen. Man antwortete dem Sendboten, dass man den Krieg wolle.

Es blieb also nur übrig, zu kämpfen. Ein Kommando zog nach Philippolis, Hauptort der Griquas, nach dem bereits erwähnten Missionar Dr. Philips so genannt. Die Griquas waren schon lange darauf vorbereitet und hatten die Regierung am Kap davon in Kenntnis gesetzt. Diese, ging schon lange darauf aus, die Bauern zu unterdrücken. Man hatte ein Regiment Dragoner unter Oberst Richardson abgesandt, den gehassten Gegner zu züchtigen. Kaum war das Gefecht bei Philippolis im Gange, als die Dragoner schon auf dem Kampfplatze erschienen. Sofort stellten die Bauern den Kampf ein, da sie gegen die Griquas, aber nicht gegen England streiten zu wollen erklärten.

Richardson hörte sie an und bat sie, die Waffen niederzulegen, deren sich die Dragoner sofort bemächtigten.

Als sie sich darüber beschwerten, gebot ihnen der edle Feldherr Stillschweigen, indem er beifügte, dass er ihnen eben so gut ihre Weiber nehmen könne, um sie seinen Soldaten zu geben.

Durch Mangel an Waffen mussten die Bauern viele Entbehrungen erleiden, da sie das Wild nicht mehr erlegen konnten, um sich zu ernähren.

Aus diesem Grunde schloss sich der Bürger du Plooy aus dem Vrystaat an Pretorius an, um sich über die Handelsweise des Obersten Richardson zu beschweren.

Nach einer beschwerlichen Reise erreichten sie Grahamstown, wo sich der Statthalter damals befand.

Ihr ehrerbietiges Gesuch um Gehör bei Sr. Excellenz wurde ihnen abgeschlagen. Der Privat-Sekretär, der den Bescheid brachte, verlangte eine schriftliche Eingabe ihrer Beschwerde. Eine nochmalige Bitte um Audienz wurde ebenfalls abgelehnt.

Sie reichten darauf die folgenden Klagepunkte ein:
1) dass die englische Behörde in Natal nicht das Eigen-
tumsrecht der Bauern anerkannt, wie der Volksrat vor
der Annexation solches bestimmt hatte, so dass viele
von ihnen ihren Wohnort verlassen mussten; 2) dass
diese Behörde die Kaffern nach Natal gezogen und ihnen
die Oberhand gegeben, so dass viele Bauern durch sie
bereits von Haus und Hof vertrieben worden: 3) dass
der Oberst Richardson den Bauern im Vrystaat ihre
Waffen weggenommen und sie dadurch verhindert habe,
durch die Jagd ihr Leben zu erhalten, so dass sie tief
in Elend geraten seien.

Se. Excellenz antwortete auf diese Eingabe: 1) dass
er an Pretorius keine Audienz gegeben, um durch schriftlichen Verkehr die beim mündlichen möglichen Miss-
verständnisse zu vermeiden; 2) dass er bald nach England zurückkehren würde und sich nicht mehr mit den
Klagen der Bauern befassen könne, versprach aber, ihre
Sache seinem Nachfolger zu empfehlen. Dieser Gouverneur hiess Sir Henry Pottinger.

Es ist erklärlich, dass Pretorius von dieser Behandlung nicht erbaut war und seinem Unmute in der Zei-
tung Ausdruck gab:

„Ich ergreife die Feder, um mich an meine Mit-
menschen zu wenden, die meinen Klagen ein besseres
Verständnis entgegenbringen, als dies bei bezahlten Beamten der Fall ist, die vor allen Schwierigkeiten, die
ihnen irgend eine Verantwortlichkeit auferlegt, zurück-
schrecken. Wo war die englische Regierung, als wir
in der Wüste unter Barbaren mit dem grössten Elend
kämpften, als über 400 Männer, Weiber und Kinder
durch die elenden Zulus hingemordet wurden? Waren
wir nicht die Unterthanen dieser Regierung, als wir die
Kolonie zu verlassen gezwungen wurden, um in die
Wüste zu ziehen. Sind wir nicht ausgezogen, nachdem
wir vorher alle Mittel angewandt, unser Recht zu erlangen? Man wird sagen: Ihr habt es selbst gewollt.

„Dem ist so. Allein hätte man die Auswanderer ihrem Lose nur überlassen, sie würden gesorgt haben. für sich selbst einen wirksamen Schutz zu schaffen.

„Woher kommt es, dass trotz des reichen und fruchtbaren Bodens kein Bauer mehr nach Natal gezogen seit der Ankunft der englischen Truppen?

„Was ist davon die Ursache?

„Die Ursache liegt darin, dass der König von England Natal unter seinen Schutz genommen; dieser Schutz ist aber für diejenigen, die in der Kapkolonie Erfahrungen gesammelt, gleichlautend mit Entfremdung, Unterdrückung — Vernichtung.

„Ich kehre morgen nach Natal zurück, wie ich gekommen, von Kummer erfüllt. Das mir vorgesteckte Ziel, um welches ich so lange Weib und Kinder ohne Schutz gelassen, habe ich nicht erreichen können. Eine lange Reise war umsonst; den Gouverneur habe ich nicht zu Gesicht bekommen können, auf meine Beschwerden keine Antwort erhalten."

Der Ton dieses Schreibens ist bitter, aber gerecht.

Pretorius kehrte nach Natal zurück. Ungefähr 500 Bauern mit ihren Familien (etwa 3000 Seelen) beschlossen sofort, Natal zu verlassen.

Die englischen Behörden sahen ein, dass sie zu weit gegangen. Sie suchten die Auswanderung zu verhindern. Ihr schroffes Benehmen hatte jedoch den Ausschlag gegeben. Vorläufig beschloss man, nach Transvaal zu gehen.

Als dieser Auszug im Gange war, kam der neue Gouverneur, Sir Harry Smith, nach dem Kap. In dem Kriege gegen die Kaffern 1835 hatte er die Bauern geführt; sie kannten ihn als einen braven, ehrlichen Mann; sie nannten ihn ihren guten Freund, den Obersten.

Den 1. Dezember 1847 war Sir H. Smith in der Kolonie angekommen. Er ging sofort in das Innere und brachte einige aufrührerische Kaffern-Häuptlinge zur Ruhe. Gegen Ende Dezember besuchte er Natal und den Vrystaat. Er fand die Karawane von Pretorius in den Drakenbergen. Ihr Zustand war erbarmenswert. Es war in der Regensaison und ihre Wagen und Zelte boten keinen Schutz gegen die fast tropischen Regenmassen.

Der Gouverneur sah dieses Elend, er war überzeugt, dass ehrsame, respektable Familien, wie die von Pretorius, ein so reiches, schönes Land wie Natal nicht ohne triftigen Grund verlassen würden; über diese Begegnung schrieb er dem Kolonialminister nach London:

„Diese Familien sind in einem solchen Elend, wie ich es nur mit dem Einfall von Massena in Portugal vergleichen kann, als eine ganze Bevölkerung vor der Verwüstung des Krieges geflohen war. Einem solchen Jammer konnte ich nicht widerstehen. Durch Pretorius, einen Mann von edlem, gutem Herzen, berief ich alle Männer um mich. Pretorius war soeben von einer mühsamen Reise nach dem Kap zurückgekehrt, um dem Gouverneur seine Beschwerden vorzulegen. Dieser hat ihn nicht einmal vorgelassen, und so musste er die so beschwerliche Rückreise antreten, schwer gekränkt durch ein so rücksichtsloses Benehmen. Die Emigranten empfingen mich wie ein Mitglied ihrer Familie. Ich habe ihre Klagen angehört, wovon mir einige als begründet, andere als ohne Grund erschienen sind; alle beruhen auf einem Mangel an Vertrauen in die englische Regierung. Ich habe gethan, was mir möglich war, um sie zum Bleiben zu bewegen, es ging mir ans Herz, drei- oder vierhundert Familienväter so tief bekümmert zu sehen. Unser guter Freund, Herr Oberst, so sprachen sie, wir lebten unter einer Verwaltung, womit wir zufrieden waren und die wir respektierten, allein man argwohnte unsere Treue. Man gab uns zu wenig Land und erlaubte nicht, dass wir mehr kauften. Die Kaffern haben sich bei uns niedergelassen und sich unserer Ländereien bemächtigt. Wir haben deshalb unsern Hof. unsere Früchte, die Ernte, die noch auf dem Felde steht, und unsere Gärten verlassen, die wir mit so viel Fleiss bearbeitet. Wir sehnen uns nach Ruhe und Einsamkeit in der Wüste.“

Sir Harry Smith wollte das Wohl der Bauern, doch konnte dies nach seiner Meinung nur durch Aussöhnung mit der englischen Regierung erreicht werden. Dies zu erreichen, nahm er jedoch verkehrte Massregeln, indem er zunächst Pretorius eine Summe Geldes anbot, um die Bauern zur Rückkehr zu veranlassen.

Pretorius fühlte sich dadurch sehr beleidigt und verlor das Vertrauen in den englischen Statthalter. Während der Verhandlungen erhielt er Nachricht aus dem Vrystaat. Sir H. Smith war auf dem Wege nach Natal durch den Vrystaat gekommen und dort sehr gut empfangen. Ein Teil der Bewohner, die der Städte, wünschte die englische Herrschaft, der andere, bei weitem überwiegend, verlangte eine republikanische Verwaltung. Sir H. Smith kam bloss mit dem erstern in Berührung, der andere hatte den Befehlshaber Mocke an ihn entsandt, da er aber sehr schnell reiste, trafen sie nicht mehr zusammen. Dadurch erhielt Sir H. Smith den Eindruck, dass der Wunsch, unter England zu kommen, allgemein war. Er hatte deshalb den Vrystaat und Basutoland annektiert durch Proklamation vom 3. Februar, erwähnte aber kein Wort davon an Pretorius, so dass dieser durch dritte davon hörte, als er noch bei ihm verweilte. Sir H. Smith reiste darauf weg, und Pretorius, durch diese Zweideutigkeit beleidigt, hat die Unterhandlungen nicht wieder aufgenommen.

---

## IV.

### Krieg mit England.

### Annexation des „Vrystaat“.

„*Strong cases require strong remedies*“ war die Devise des braven, aber etwas exzentrischen Sir H. Smith. Er dachte Pretorius gewonnen zu haben und

zog zufriedenen Herzens ab. Sofort nach seiner Rückkehr nach Natal ernannte er eine Kommission, um den
Bauern mehr Land zuzuweisen. Andries Pretorius und
J. W. Boshoff, der spätere Präsident des „Vrystaat“,
waren Mitglieder dieser Kommission. Der Staatsanwalt
in Natal wurde angewiesen, alle frühern Klagen gegen
die Bauern niederzuschlagen. Er schrieb den Bauern,
dass er ihnen Lehrer und Geistliche schicken wolle,
alle Heiraten, die geschlossen und noch nicht gesetzlich
bekräftigt worden, erhielten die Sanktion des Gesetzes,
ebenso die daraus geborenen Kinder.

Aber Pretorius und seine Anhänger hatten kein Vertrauen mehr zu dem Statthalter. Pretorius schrieb ein
Plebiszit aus für die Bürger des Vrystaat, woraus hervor-
ging, dass die Minderheit den Gouverneur irregeleitet
hatte und die Majorität sich für die Republik erklärte.

Dies konnte jedoch die Annexation nicht rückgängig
machen und die Unzufriedenen im Vrystaat verliessen
noch einmal ihr Heim und schlossen sich Pretorius an.
Zu seiner Verwunderung vernahm der Gouverneur erst
in der Kapstadt (am 1. März), dass die Bauern nicht
zufrieden waren. Er konnte es zwar nicht glauben,
sandte aber doch einige protestantische Geistliche zu
ihnen, da er ihren Einfluss auf die Bauern kannte, um
sie zum Frieden zu mahnen. Es war zu spät. Der Gouverneur sandte noch eine Proklamation an die Bauern,
seine halb verlorenen Freunde, worin er alles erwähnte,
was er zu ihren Gunsten gethan, und ihre nicht be-
neidenswerte Lage verglich mit derjenigen der Bewohner am Kap, die, glücklich und zufrieden, Wolle,
Korn, Schafe, Pferde, Rindvieh verkauften, die Wohlthaten und das Glück civilisierter Umgebung genössen,
am Sonntag in eleganter Equipage mit ihren glücklichen
Frauen und Kindern zur Kirche führen etc. Indem er
sie vor offener Rebellion warnte, fügte er bei:

„O, wie hasse und verfluche ich den Krieg! die
vielen Schlachten, denen ich beigewohnt, haben mich

dessen Greuel kennen gelehrt. Wenn ihr mich aber aus euren Herzen verbannt, werde ich die Schrecken des Krieges gegen euch richten. Wenn ihr mich nach allem, was ich für euch gethan, zwingt, das Schwert zu ziehen, so müsst ihr auch die Folgen tragen.

„Wenn meine Soldaten den Sieg erringen, werde ich doch traurig sein über das Unheil, was über euch gekommen. Man wird euch eure Ländereien nehmen, eure Häuser verwüsten, eure Herden rauben, eure Herzen werden schwarz sein von eurer Undankbarkeit, und euer treuer, edelmütiger Freund wird gezwungen sein, euch für eure Missethaten zu strafen.

„In diesem irdischen Leben muss man selbst den edelsten Gefühlen feste Grenzen stellen. Helft mir, ich bitte euch, dass ich sie nicht zu überschreiten brauche, lasst uns unsere Herzen durch das Gebet zum Himmel richten, damit er uns beistehe bei den trauernden Ereignissen in diesem kurzen Leben.

„Allmächtiger, der das Gute und das Böse in seiner Macht hat, sich hernieder auf uns arme Menschen, gib uns unsere wahren Freunde zu erkennen, schütze uns und stehe uns bei in der Versuchung bei den Anschlägen des Bösen. Gib, dass wir dich ehren von ganzem Herzen, mit unserer Seele und unsern geistigen Kräften zu Ehren unseres Herrn Jesus Christus. Versöhne uns durch Herz und That mit unserem Nächsten. Lehre uns so zu leben, dass wir des ewigen Lebens teilhaftig werden.

„Lehre uns, unsern Feinden zu vergeben, unsere Freunde zu lieben. Lehre uns, nach einem friedlichen Leben auf eine Wiedervereinigung im ewigen Leben zu hoffen, auf Glück und Ruhe unserer unsterblichen Seele. Wenn wir aber die Hülle des Leibes verlassen, gib dann, dass es sei im Frieden mit dir, o Herr, im Frieden mit der Welt, im Frieden mit unserem Herzen.

„Gib uns deine Gnade, allmächtiger Gott, durch Jesus Christus!

H. G. Smith.“

Diese Proklamation hatte nur einigen Einfluss bei den Bewohnern des südlichen Teils vom Vrystaat; man sandte englische Beamte nach den Vrystaats-Distrikten Bloemfontein, Caledon und Winburg.

Pretorius und seine Anhänger, die inzwischen sehr zahlreich geworden, störten sich nicht an diese Proklamation und verstärkten sich in Potchefstroom, welches Potgieter verlassen hatte. Hier aus Pretorius' Hauptquartier erliessen sie ein Schreiben an den Gouverneur, worin sie mit Hinweis auf das Plebiszit erklärten, dass $^7/_8$ der Bevölkerung der nördlichen Distrikte des Vrystaats die englische Herrschaft nicht wünschten. Sie äusserten zugleich den Wunsch, man möge, bevor zu den Waffen gegriffen würde, versuchen, auf dem Wege schriftlichen Austausches die Frage zu lösen. Gleichzeitig möge der Gouverneur ihre Rechte auf die nördlichen Distrikte anerkennen.

Mit Einem Worte: sie verlangten Unabhängigkeit. Die Mehrzahl, selbst Pretorius, fanden dieses Schreiben zu mässig gehalten. Pretorius erliess darauf eine Proklamation, worin er äusserte, man könne dem Gouverneur nicht trauen, er wünsche nur die Bauern als Grenzsoldaten zu brauchen. Nach seiner Meinung war es nicht ratsam, weiter in die Wüste zu ziehen, wo das Fieber schon so viele Opfer gefordert. Er flehte die Frauen an, ihre Männer und Söhne ziehen zu lassen, um mit ihm für ihre Freiheit gegen die Engländer zu kämpfen. Diejenigen, die nicht mitzögen, bedrohte er mit dem Verlust ihrer Ländereien und mit der Bestrafung durch den Kriegsrat.

Major Warden, schon längere Zeit britischer Präsident in Bloemfontein, berichtete über die drohende Sachlage nach dem Kap, ohne bei dem Gouverneur Glauben zu finden.

Gleichzeitig zog Pretorius seinen Anhang, etwa 400 Mann, zusammen, die Hälfte derselben waren vor kurzem erst aus Transvaal gekommen.

2*

Potgieter und die Seinen, die ihre Republik bei
Lydenburg und Zoutpansberg gegründet, nahmen an
dieser Bewegung keinen Anteil.

Am 14. Juli 1848 erschien Pretorius in Bloemfontein und schlug dort sein Lager auf. Er forderte Major
Warden sofort auf, das Land zu verlassen. Derselbe
hatte nur 48 Soldaten bei sich und kapitulierte. Pretorius
liess ihn in seinem Wagen und unter dem Geleite seiner
besten Offiziere nach dem Oranjefluss bringen, um ihm
dadurch alle Ehre zu beweisen. (Briefwechsel zwischen
Pretorius und den Commissarien Hogge und Mostyn
Owen.)

Die englischen Residenten in Winburg und Caledon
wurden in der gleichen Weise nach dem Oranjefluss
eskortiert.

Als diese Nachricht nach Kapstadt kam, wurden
sofort Truppen nach dem Oranjefluss gesandt; der Gouverneur selbst übernahm den Befehl. Durch eine Proklamation wurde Pretorius für vogelfrei erklärt und auf
sein Haupt ein Preis von 2000 £ (24 000 fl) gesetzt.

Nachdem Sir H. Smith in Colesberg angekommen, bat
ihn Pretorius um eine Unterredung, die jedoch abgelehnt
wurde, weil Se. Excellenz nicht mit bewaffneten Rebellen
unterhandeln wollte. Er liess sich jedoch herbei, die
Offiziere Paul Krüger und Bester zu empfangen, und
sandte ein Boot über den Oranjefluss, um sie abzuholen.
Dies jedoch erlaubte Pretorius nicht und stellte an den
Gouverneur das Verlangen, die Annexation zu widerrufen.

Es wurde ihm darauf erwidert: „Man würde mit den
Waffen antworten." Die Engländer zogen mit 6- bis 700
Mann und zwei Geschützen über den Oranjefluss, ohne
von den Bauern behindert zu werden, was diesen sonst
nicht schwer gefallen wäre.

Sie hofften vielleicht, ihr guter Freund, der Oberst,
meine es doch nicht so ernstlich. Oder sie trauten so
sehr ihrer Stärke, dass sie auch die Bagage mit erobern

würden, oder es fehlte den Bauern an der nötigen Disziplin. Wir glauben das letztere.

Die englische Macht war inzwischen durch den Zuzug von 200 Griquas unter Adam Kok verstärkt worden. Am 28. August fand das Treffen statt. Sir H. Smith ritt in Bauerntracht an der Spitze seiner Truppen; auch er glaubte, dass alles noch friedlich ablaufen würde, als sein Pferd plötzlich durch eine Kugel getroffen wurde. Neun Mal erneuerten die Bauern ihren Angriff mit bloss 300 Mann (100 Mann hatten eine andere Stellung eingenommen); neun Mal wurden sie zurückgeschlagen. Pretorius sah, dass alles verloren war, und flüchtete mit seinen Freunden nach Transvaal. Dies war das Treffen bei Boomplaats.

Die Bauern hatten verloren, die Engländer jedoch auch schwere Verluste erlitten; darunter die ausgezeichneten Offiziere Kapitän Salis und Stormont Murray, und den Fähnrich Steele. 8 Soldaten getötet, 39 verwundet; von den Bauern waren 7 geblieben. Die Griquas nahmen noch einen englischen Deserteur gefangen und einen jungen verwundeten Bauern, Thomas Dreyer, der sein Pferd verloren hatte. Beide Gefangene wurden durch den Kriegsrat verurteilt und zu Tode gebracht.

Sir H. Smith hat später tief bereut, dass er in seiner zornigen Aufwallung das Gnadengesuch des jungen Mannes, von dessen Frau und der Familie unterstützt, abgeschlagen hat.

Pretorius beklagte sich bitter in einem Schreiben an die englischen Kommissarien Hogge und Owen, dass man den unglücklichen Jüngling so streng gestraft, während er, Pretorius, stets die englischen Kriegsgefangenen mit dem grössten Wohlwollen behandelt habe.

Diese Hinrichtung hat den Hass der Bauern gegen die Engländer sehr verschlimmert. Nach dem Treffen ging der Gouverneur nach Bloemfontein. Er setzte dort den englischen Major Warden als englischen Residenten

wieder ein und schrieb zur Deckung der Kosten eine
Kontribution von 10 000 £ aus.

In Bloemfontein wurde das Fort gebaut, was jetzt
noch dort steht. In Smithfield erklärten 350 Bürger
ihre Zusimmung zu der Annexation. Die viel zahlreichere
republikanische Partei wagte nicht, sich zu zeigen und
so bekam Sir H. Smith den Eindruck, dass man allgemein mit der Annexation einverstanden und bloss
Pretorius und sein Anhang dagegen war.

Durch eine Proklamation vom 7. September 1848
erklärte er nochmals die Besitznahme des Vrystaats
und der umliegenden Distrikte, die von den Basutos,
Griquas und Barolong etc. bewohnt werden, durch
England (Transvaal wurde dabei nicht genannt). Nachdem er die Verwaltung geregelt, kehrte er nach dem
Kap zurück.

## V.

### Unabhängigkeits-Erklärung des Transvaal.

Pretorius war in 1848 nach dem Gefecht bei
Boomplaats nach Transvaal zurückgekehrt. Er nahm
die Stadt Potchefstroom wieder in Besitz. Durch die
Seinigen, die nicht sehr für Potgieter eingenommen,
war solche in Mooirivier umgetauft worden. Pretorius
erhielt wieder den Oberbefehl. Durch diese Bauern,
welche sich um Potchefstroom angesiedelt, wurde der
Grund zu der nachherigen südafrikanischen Republik
gelegt.

Die Anhänger von Potgieter waren denjenigen, die
mit Pretorius gekommen, nicht freundlich gesinnt, da
sie solche als Eindringlinge betrachteten. Diese Miss-
helligkeiten schadeten der Entwicklung des Landes; durch
ein gutes Einvernehmen unter einander hätten sie sich
gleich besser zu den Eingeborenen gestellt als es wirklich der Fall war. .

Sie lebten in Spannung, als Smellenkamp sich noch einmal zeigte in Delagoa; mit dem Schiffe Animo angekommen, entsandte er an die Bauern einen jungen Mann, der in Amsterdam Handlungsgehülfe gewesen war. Er legte seinen französisch abgefassten ausländischen Pass den Anhängern Potgieters vor, die nichts damit anzustellen wussten. Im Vertrauen teilte er ihnen mit, dass er mit der königlichen Familie in Holland verwandt sei. Einigen sagte er sogar, dass er der Prinz von Oranien sei. Trotzdem war er durchaus nicht hochmütig. Gleichwie seiner Zeit der Zar Peter von Russland, wollte die Königliche Hoheit alles sehen und mitmachen. Er wurde Schullehrer bei Potgieter in Zoutpansberg und sammelte sich später ein ganz hübsches Vermögen. Er reizte Potgieter gegen Pretorius, wovon ich die Belege in dem Archiv in Pretoria gefunden habe, in den schriftlichen Beschuldigungen gegen Pretorius und dessen Anhänger.

Am 12. März 1852 kam eine Versöhnung zustande zwischen Potgieter und Pretorius durch Vermittlung von Herrn Stuart, der eben von Holland eingetroffen war. Die englische Regierung hatte die Bauern einige Jahre sich selbst überlassen; als Lord Grey das Kolonial-Ministerium übernahm, sah er ein, dass der Besitz von Transvaal England in zu grosse Lasten und Kosten stürzen würde und dass man die Provinz deshalb besser ganz frei gäbe. Zwei Kommissarien, Hogge und Mostyn Owen, erschienen im Vrystaat, um Transvaal für unabhängig zu erklären. Sie forderten Pretorius auf, mit ihnen zu verhandeln. Den 11. Dezember 1851 sandte Pretorius ihnen ein Schreiben, welches am 31. Dezember beantwortet und womit die Unabhängigkeit von Transvaal anerkannt wurde.

Da eine völlige Versöhnung zwischen den beiden Parteien Potgieter und Pretorius damals noch nicht stattgefunden, forderte letzterer jenen auf, sich den Verhandlungen anzuschliessen, was jedoch abgelehnt wurde.

Pretorius beschloss darauf, selbständig zu handeln. Die englische Kommission hatte die Proklamation, worin er für vogelfrei erklärt, wieder zurückgezogen. Pretorius begab sich darauf mit seinen Freunden den 7. Januar 1852 nach Zandrivier, dort wurde Transvaal unabhängig erklärt und freundschaftliche Beziehungen zwischen der neuen Republik und England angeknüpft.

Dieses ist die so häufig erwähnte Konvention von Zandrivier. [1]

# VI.

## Krieg mit Sechele.

## Die „London Missionary Society".

Transvaal war also unabhängig, jedoch nicht einig. Statt einer hatte man drei Republiken. Zwar hatte die Aussöhnung zwischen Potgieter und Pretorius ein etwas besseres Zusammenwirken herbeigeführt, aber die Einigkeit fehlte, sie kam erst durch den jüngeren M. W. Pretorius, der durch seine Umsicht die kleineren Republiken untereinander vereinigte.

Das Verhältnis der Bauern zu den Häuptlingen, an der Ostgrenze mit Panda, dem König der Zulus, Umzwas, dem Beherrscher der Amazwasi, und einigen andern war sehr befriedigend. Im Westen jedoch war dies weniger der Fall, indem Sechele, der Befehlshaber der Bechuanas, durch englische Missionare gegen die Bauern aufgereizt worden war.

Diese Missionare, besonders der berühmte Dr. Livingstone und sein Schwiegervater Moffat, waren von Anfang an gegen die Erklärung der Unabhängigkeit von Transvaal.

1) Siehe Anlage A.

Im damaligen Augenblick blieben ihre Klagen in London unberücksichtigt. Man wollte eben keine Ausdehnung englischen Gebiets in diesem unfruchtbaren, kostspielig zu verwaltenden Teile von Central-Afrika. Um nicht müssig zu sitzen, versorgten Livingstone und dessen Freunde die Kaffern von Sechele mit Gewehren und Munition. Man sagt selbst, dass die Herren dadurch ausgezeichnete Geschäfte machten, die Belege dazu sind in den Archiven von Pretoria zu finden. Sobald die Bechuanas von Sechele, bei dessen Kraal (Hof) Livingstone eine Wohnung hatte, im Besitze von Gewehren waren, fingen sie an, den Bauern das Vieh zu rauben.

Livingstone hasste die Bauern, sie dagegen achteten seinen Verstand und seine grossen Eigenschaften.

Livingstone that, was in seiner Macht lag, die Unabhängigkeits-Erklärung von Transvaal rückgängig zu machen. durch Berichte voller Lügen und Verleumdungen, eines solchen bedeutenden Mannes nicht würdig. So beschuldigte er die Bauern, dass sie den Durchzug nach dem nördlichen Transvaal verhinderten. Nach seinen Angaben waren die Bauern den Jägern und Zwischenhändlern feindlich wegen deren Konkurrenz bei dem Handel in Elfenbein und mit den Eingeborenen. Diese Beschuldigung ist unwahr. Niemals haben die Bauern die Ansiedlung fremder Einwanderer in ihrem Lande verhindert. Gründlich wird solches widerlegt durch das Gesetz in Transvaal, wonach jedem nach einjährigem Aufenthalt das Bürgerrecht verliehen und Ländereien zugewiesen werden. Im Gegenteil, man empfing Fremde mit der grössten Gastfreiheit — ich selbst erhielt viele Beweise derselben. So arm sie auch sind, mit dem fremden Reisenden teilen sie ihr letztes Stück Brot. Und wenn man auch unter den Bauern manche findet, die weniger angenehm und umgänglich sind, so selten dies auch der Fall ist, den Durchreisenden werden sie niemals hinderlich sein.

2**

Ausserdem hat Livingstone die Bauern beschuldigt, dass sie mit schwarzem Elfenbein (Sklaven) handelten und die armen Kaffern schändlich unterdrückten. Auf diese Beschuldigung muss ich später zurückkommen wegen ihres Einflusses auf die Annexion der südafrikanischen Republik.

Einer der lästigsten Diebe war Moselele von dem kleinen Stamm der Marico, Vasall von Sechele, Livingstones Freund. Als die Bauern ihn strafen wollten, entfloh er mit seinem Stamme zu Sechele. Pretorius verlangte dessen Auslieferung, die Sechele verweigerte. Reichlich mit Gewehren und Munition versehen, trotzte er den Bauern. Pretorius, der sich dem Ende seiner Laufbahn nahe fühlte, übergab das Kommando seinem Freunde P. E. Scholtz.

Dem offiziellen Rapport über diese Expedition, der alles Vertrauen verdient, entnehmen wir das Nachstehende und vergleichen dies mit dem, was Livingstone darüber berichtet.

Die Bauern versammelten sich am 20. August 1852 an dem Maricoflusse. Scholtz sandte am 23. August einen Boten an Mobaïza, einem Untergebenen von Cokkie, den Mitschuldigen von Moselele, mit Friedensanträgen, wenn er sich unterwürfe. Er blieb darauf ohne Antwort.

Die Bechuana hatten sich in den Wäldern und Höhlen versteckt. Sie überfielen einen weitern Boten, der von einigen Bauern geleitet wurde. Die Bauern schlugen sie zurück und machten einige Gefangene. Darauf versprach Cokkie, sich zu unterwerfen; man gab ihm alle Gefangenen zurück. Am 25. August wurden drei Spione von Sechele gefangen, sie teilten mit, dass Sechele sich auf einen Krieg vorbereite.

Livingstone war bei diesem, flüchtete aber, als er den Anzug der Bauern vernahm. Weshalb? Von den Bauern hatte er nichts zu fürchten, er dachte vielleicht an die Berichte, die er nach London gesandt hatte.

Scholtz erliess in einer Proklamation das strengste

Gebot, das Eigentum der englischen Missionare zu schonen. Zwei junge Bauern, die das Gebot übertraten, wurden durch den Kriegsrat zu 30 Stockschlägen verurteilt, es sei denn, dass sie ihrem Anteile an der Kriegsbeute entsagten. Sie wählten das letztere. Am 28. August waren die Bauern ganz nahe bei Secheles Aufenthaltsorte.

Um diesen zu erreichen, mussten sie durch sehr bedenkliche Bergpässe. Überall waren Kaffern aufgestellt, die jedoch sparsam mit ihrem Pulver umgingen und nicht schossen.

Nachdem sie die Pässe überstiegen, hielten die Bauern Kriegsrat, beschlossen aber, am folgenden Tage, einem Sonntage, nicht zu fechten, sondern sich ihren gottesdienstlichen Verrichtungen zu widmen.

Scholtz, der noch immer Blutvergiessen zu vermeiden suchte, sandte noch denselben Abend an Sechele den folgenden Brief:

„Freund Sechele.

„Als Euer aufrichtiger Freund rate ich Euch, nicht durch Moselele Euch aufreizen zu lassen, der sich jetzt zu Euch geflüchtet. Dieser Häuptling hat sich vergangen, und ich rate Euch, ihn auszuliefern, damit über ihn erkannt werde. Ich will mit Euch einen vorteilhaften Frieden schliessen. Kommt diesen Abend zu mir, damit wir die Sache überlegen.

„Euer aufrichtiger Freund
„P. E. Scholtz,
„stellvertretender Oberbefehlshaber."

Der Häuptling antwortete:

„Moselele ist mein Freund, ich werde ihn nicht ausliefern. Ich würde mir eher selbst den Bauch aufschneiden. Ebensogut wie Ihr besitze ich Waffen und Pulver.

„Ich habe mehr Krieger wie Ihr. Ich fordere Euch zur Schlacht am Montag; wenn ich nicht in dem grossen Buche (die Bibel) gelesen, würde ich nicht so lange gewartet haben und Euch so nahe herankommen lassen.

Morgen, am Sonntag, könnt Ihr Ruhe haben, inzwischen wollen wir nicht wegen des Wassers (des Trinkwassers aus seinen Brunnen) streiten.

„Montag werden wir unsere Streitkräfte und Kanonen miteinander messen.

„Ich habe Euch bereits in meinem Topfe und brauche nur noch den Deckel darauf fallen zu lassen.

„Sechele.“

Wer war Sechele? Sein Vater, dessen Namen ich vergessen, war durch Moselekatze getötet worden.

Sebituana, der Gründer des Reichs der Makololo, war später dem Stamme unter Sechele zu Hülfe gekommen. Dieser junge Häuptling hätte sich aber nie behaupten können, wenn die Bauern Moselekatze nicht aus Transvaal vertrieben hätten.

Man vergisst aber leicht die Wohlthaten, die man erhalten hat. Dies that auch Sechele. Sein Schreiben beweist, dass er den Krieg wollte, nicht aber, dass ihm dieser etwa aufgezwungen wurde, wie Livingstone behauptete.

Die Bauern widmeten den Sonntag dem Gebete. Am Morgen kam noch ein Bote von Sechele, um Zucker zu erbitten und zugleich, ihm am Montag zwei Bauern zu senden. Zugleich bat er die Bauern, für ihre Zugochsen zu sorgen, die er bereits als die seinigen betrachtete, damit sie solche da nicht weiden liessen, wo giftige Pflanzen wüchsen.

Scholtz gab ihm zur Antwort, ein Held wie er solle lieber Pfeffer als Zucker essen, und sandte ihm den Zucker nicht.

Den Bauern, die am Montag zu ihm kamen, sagte Sechele, er wolle ihnen gern Munition leihen, wenn sie deren nicht genug hätten.

Scholtz liess ihn nochmals warnen, indem er ihn darauf hinwies, wie er durch den Schutz der Bauern reich geworden war.

Er antwortete darauf: Ich will fechten.

Sogleich nach dieser Herausforderung ging Scholtz mit 320 Mann auf die Batterie des Häuptlings los. Er forderte ihn vorher noch auf, seine Frauen und Kinder in Sicherheit zu bringen. Sechele antwortete, dass er sich um diese nicht zu kümmern brauche. Ein wütender Streit entspann sich. Unter einem Kugelregen griffen die Bauern die Batterie an. Die Kaffern unterhielten ein lebhaftes Kreuzfeuer, schossen aber schlecht. Sehr rasch wurden sie aus ihrer Stadt vertrieben, worauf solche in Brand gesteckt wurde. Nach einem neunstündigen Gefecht war Secheles Los entschieden.

Die Bauern hatten bloss 3 Tote. Livingstone gibt in seinem Berichte die Zahl von 35 an, während 60 Kaffern geblieben waren.

Am Abend zogen sich die Bauern zurück, am folgenden Tage sandten sie eine Patrouille von 150 Mann, um zu rekognoszieren und Sechele nochmals den Frieden anzubieten.

Sie fanden niemand. Andere Patrouillen stiessen auf einzelne Kaffern. die jedoch feindlich gesinnt blieben. Am 1. September begab sich der Kommandant Scheike nach der leeren Stadt, um sie zu durchsuchen. Er fand das englische Missionshaus erbrochen durch die Kaffern, die solches geplündert, zwei Gewehre jedoch zurückgelassen hatten.

Gefangene Kaffern erklärten. dass das Haus von Livingstone, einige Meilen von der Stadt entfernt, noch Munition enthalte, dass aber der Doktor noch kurz vorher zwölf Gewehre an Sechele verkauft habe. Dessen Kollegen, die Missionare Inglis und Edwards, hatten schon früher dem Pretorius erklärt, dass Livingstone den Häuptling mit Gewehren versehen habe. Da dieser Handel sowohl durch England als durch die Bauern verboten war, beschloss Scholtz, das Haus von Livingstone zu durchsuchen. Zu seinem Erstaunen fand man da noch verschiedene Gewehre und eine vollständige Waffenschmiede. Wir fanden dort, berichtete er, mehr Gewehre als Bibeln, es glich mehr einem Waffenladen als einem Missionshaus, mehr einem Schlupfwinkel für Schmuggler als einer Schule. (Offizieller Bericht des stellvertretenden Oberbefehlshabers.)

Die Expedition kehrte zurück mit 300 Gefangenen, 3000 Stück Hornvieh, einer grossen Anzahl Schafe, 11 Pferden, 18 Gewehren, 2 Wagen und den Schmiedewerkzeugen, die bei Livingstone gefunden worden, als Beute.

Livingstone beklagte sich in seinem Berichte darüber später, dass die Bauern sein Haus erbrochen und unter anderem seine Lexika zerrissen hätten.

Mitbeteiligte an dieser Expedition teilten mir mit, dass sie sich dieser Einzelheiten nicht erinnerten, dass aber sein könne, dass, wo sie ihre Gewehrpfropfen meist verschossen, sie sich auf diese Weise wieder versehen hätten. Ich habe den Verlauf dieser nunmehr beendigten Unternehmung genau geschildert nach dem Rapport des Oberbefehlshabers, überzeugt, dass er vollkommen wahrheitsgetreu, wie dies von einem so frommen, braven Manne nicht anders zu erwarten war. Vergleichen wir nun damit den Bericht von Livingstone (nach den Blue Books aus jener Zeit):

„Diese eigennützigen Bauern gehen stets darauf aus, sich zu bereichern auf Kosten der armen Eingeborenen, zögerten nicht, sich zu diesem Zwecke eines unvollständigen Traktats zu bedienen (des Unabhängigkeits-Traktats von Transvaal). Das Unrecht, welches sie den Bakwains (Bechuana) zugefügt, ist die erste Frucht der traurigen Politik, die es zulässt, dass die armen Eingeborenen vertilgt werden, die durch diesen unglücklichen Kontrakt ohne Schutz gelassen wurden. Am 28. August 1852 sind 600 Bauern und 700 Eingeborene, die sie bei Todesstrafe zu ihrem Dienste gepresst (NB. Diener und inländische Bundesgenossen), in dem Lande der Bakwains angekommen. Bevor man Secheles Stadt erreichte, sandte man durch Kolobeng eine Patrouille mit vier Wagen nach meiner Wohnung, die 12 km von der Stadt entfernt war. Nachdem die Bakwains mein Haus verlassen, verschloss Sechele den Eingang und umgab das Haus mit einer Pfahlumzäunung.

„Es stand dort schon zwei Jahre und diente bloss dazu, um Gegenstände zu verwahren, die von Reisenden zurückgelassen wurden, um sie später wieder mitzunehmen.

„Die Anwesenheit der Bakwains gab dafür genügende Sicherheit.

„Was haben nun die Bauern gethan?

„Sie haben meine Wohnung geplündert, meine Bücher zerrissen, meine Apotheke zerstört und alle Möbeln und sonstigen Sachen von dort mitgenommen.

„Ihre ganze Macht begab sich nach Secheles Stadt, um dort dem gemeinsamen Gebete beizuwohnen. (Sic!)

„Nach dem Nachmittagsgebet befahlen sie Sechele, die Weiber und Kinder wegzusenden, da sie mit ihm kämpfen wollten.

„Die Ursache war, weil Sechele, anstatt die Engländer zu verhindern, nach dem Norden zu ziehen, wie ihm geboten war, sie im Gegenteil dazu ermutigt hatte.

„Sechele antwortete, er sei ein Mann des Friedens, weshalb er die Engländer hätte belästigen sollen, da sie ihm doch stets nur Gutes erwiesen.

„Die Antwort darauf war die Beschiessung der Stadt am folgenden Morgen durch die Bauern.

„Bald stand die Stadt in Flammen. Die Frauen und Kinder waren geflüchtet, und die Männer konzentrierten sich auf den umliegenden Hügeln. Das Gefecht wurde fortgesetzt, es fielen dabei 60 Kaffern und 35 Bauern. Da sie beritten waren, konnten die Bauern alles Vieh wegnehmen, was den Wanketse, Bakhatla und Bakwains (Bechuana) gehörte; sie steckten selbst das Getreide auf dem Felde vor ihrem Abzuge in Brand."

Während 1852 und 1853 kommen in den Berichten

von Livingstone. Inglis, Edwards und anderen immer die heftigsten Beschuldigungen vor, wodurch die gutherzigen Schwachköpfe von Exeter Hall, die stets einen grossen Anhang besassen, zuletzt alle Besonnenheit verloren haben.

Ich konstatiere dagegen aus meiner Erfahrung: 1) dass die Bauern weder niedrigdenkend noch streitsüchtig waren; 2) dass sie jedem Fremden, von welcher Nation er auch sein mochte, niemals eine gastfreie Aufnahme weigerten (die allerletzte Zeit ausgenommen): 3) dass viele Missionare in Süd-Afrika Handel treiben und sich damit häufig bereichern. In Transvaal selbst befindet sich ein solcher (Z. in R.), der jetzt Gelder auf Zins gibt.

Ich wünsche durch diese Auslassungen nicht eine durchweg ungünstige Meinung über die Mission und die, welche sich damit befassen, auszusprechen. Dies ist durchaus nicht der Fall. Die Herrnhuter und katholischen Missionare haben in Süd-Afrika sehr viel Gutes gestiftet. Ebenso verweise ich auf das Werk von Langhaus (Pietismus und äussere Mission), welches namentlich mit bezug auf das Wirken der holländischen Missionare in Indien nur Gutes zu berichten weiss. Aber auch dieser Autor verurteilt die Handlungen vieler Missionare der London Missionary Society auf das strengste.


# VII.

## Tod von Potgieter und Pretorius.
## Krieg mit Makapan.

Hendrik Potgieter, Stifter der Republiken Zoutpansberg und Lydenburg, starb in 1853, vollständig ausgesöhnt mit Pretorius.

Der Volksrat, der stets zwischen den beiden vermittelte, ernannte seinen ältesten Sohn zum Nachfolger.

Pretorius überlebte Potgieter nur wenige Monate. Er starb auf seinem Hofe in den Makhalibergen (23. Juli 1853), der Volksrat ernannte seinen Sohn Martinus Wessel zu seinem Nachfolger. Der junge Pretorius, jetzt der Präsident des Transvaalischen Volkscomités, hatte die meisten Feldzüge seines Vaters mitgemacht. Er regiert jetzt neben Potgieter, während das Land thatsächlich in drei Republiken verteilt war.

Lange dauerte der Friede nicht.

In Zoutpansberg entzündete sich der Krieg durch die Schuld von Hermann Potgieter, einem Bruder des verstorbenen General-Kommandanten. Potgieter jagte in 1854 im Gebiete des Bechuana-Häuptlings Makapa. Ein Sohn desselben sollte sein Führer sein. Der junge Kaffer schien Potgieter mehr zu verspotten, als dass er ihn auf das Wild hingewiesen hätte. Potgieter, darüber aufgebracht, schalt anfänglich den Kaffer, und als dies fruchtlos blieb, schlug er ihn tot.

Sein Vater nahm an der Familie Potgieter furchtbare Rache. Nachdem die Frauen und Kinder in schrecklicher Weise gemartert waren, verstümmelten die Kaffern noch die Leichen — und assen sie auf.

Die Zoutpansbergschen Potgieter gingen M. W. Pretorius um Hülfe an, und bald zog ein Kommando von 500 Mann gegen die Kaffern aus.

Diese letzteren hatten sich in beinahe unzugänglichen Höhlen befestigt, doch nach einigen Tagen zwang sie der Hunger zur Übergabe. Gegen 1200 Kaffern kamen um, die meisten vor Hunger und Durst.

Die Bauern hatten unter anderem den Verlust des General-Kommandanten Potgieter zu beklagen.

Mit seinem Tode kam noch nicht die Vereinigung der Republiken zustande. Die Witwe erbte seine Macht, die von ihr auf ihren zweiten Mann, S. Schoeman, überging; der holländische Prinz, von dem wir schon gesprochen haben, wusste die Vereinigung von Zoutpansberg mit Lydenburg zu verhindern.

Zoutpansberg blühte eine Zeit lang durch Handel mit Elfenbein, aber die Elefanten wurden ausgerottet und mit ihnen verschwand der Reichtum. Die Republik von Pretorius blieb die mächtigste. Sie allein hat eine wichtige Geschichte; vor allem durch ihre Beziehungen zu dem Vrystaat, den wir jetzt besprechen müssen.

## VIII.

### Das Volk der Basuto.

### Unabhängigkeits-Erklärung des „Vrystaat".

Wir haben gesehen, dass der Vrystaat nach der Schlacht bei Boomplaats noch einmal annektiert wurde — sehr gegen den Wunsch der grossen Mehrheit der Bevölkerung.

Das Land war verteilt in vier Distrikte, die durch ebenso viele englische Magistratspersonen regiert wurden.

Der Vrystaat grenzte östlich an Basutoland. Als 1820—1828 Chaka mit blutiger Hand über Zululand regierte, hatte einer seiner Indunas, Moselekatze, seiner Gewalt sich entzogen und nach Transvaal begeben. Um Raum für sich und sein Volk zu gewinnen, rottete er die Bechuana-Stämme, die Transvaal bewohnten, fast gänzlich aus.

Der Überrest dieser Stämme floh nach dem beinahe unzugänglichen Drakengebirge und bevölkerte allmählich das heutige Basutoland. Ihre Zahl wuchs stetig, auch durch Küstenkaffern (Fetcanneh-Räuber), die Urbewohner von Natal, welche durch Chaka vertrieben worden. Zu ihnen gesellten sich noch Buschmänner.

Ungefähr gegen 1830 wurde dieses Gemisch von Völkerschaften zu einem Volk vereinigt durch Moshueshue („der Überwinder"), der im Umgang Moshesh genannt wurde. Die neu organisierte Nation nannte sich Basuto (Bettler), denn sie, die Basuto, waren arm.

Moshesh wusste durch eine neue Art von Ehen, wobei er seinen Unterthanen Frauen als Lehngut gab, sein Volk zu fesseln und zu vermehren. Er ermutigte Landbau und Viehzucht. Das Volk hatte bald ausgezeichnete Pferdezucht und vieles Vieh, und da er mit den benachbarten Bauern in Frieden lebte, nahm er stets an Wohlstand zu.

Mosheshs Residenz war die natürliche Festung Thaba Bosigo (Berg der Finsternis).

Nach einiger Zeit, als Moshesh anfing, sich stark zu fühlen, erhob er Anspruch auf das Land seiner Nachbarn und erlaubte, dass seine Unterthanen das Vieh derselben raubten. Kleinere Häuptlinge folgten seinem Beispiel. Sie wurden ermutigt durch die Proklamation von 1848, wobei Sir H. Smith den Vrystaat annektierte und die Oberhäuptlinge in ihren Rechten anerkannte. Sie betrachteten sich als unabhängige Könige, die durch die britische Regierung beschirmt wurden.

Bald befand sich Moshesh mit den Bauern wie mit den Inländern, Sikonyella und Moroko, dem Häuptling der Barolong, im Streit und begann sie anzugreifen.

Sie beschwerten sich bei Major Warden, dem englischen Residenten, und dieser sandte eine Truppe von Freiwilligen, die jedoch durch Moshesh geschlagen wurden. Moshesh verfügte über mehr als 15 000 gut disziplinierter, gut bewaffneter und gut berittener Basuto. Ihre Pferde, deren sie sich mit der grössten Leichtigkeit in fast unzugänglichen Bergpässen bedienten, waren bedeutend besser als jene der Bauern.

Die Bauern des Vrystaats sahen, dass Warden dem Moshesh nicht gewachsen war, und verloren dadurch jedes Vertrauen in die englische Herrschaft. So konnte denn Murray, der im Oktober 1851 als Regierungs-Agent nach Winburg ging, an Warden über den Zustand der Dinge in nachfolgenden Worten schreiben:

„Wenn man nicht sofort kräftige Massregeln nimmt, das Vertrauen in die englische Herrschaft herzustellen, werden viele getreue Bauern nach Transvaal entweichen.

„Die Partei der Bauern, die England wohlgesinnt blieb, ist der Meinung, dass das Gouvernement ihre Angelegenheiten nicht genug beherzigt.“

Warden ging den Gouverneur der Kapkolonie um Hülfe an. Doch diese Hülfe kam nicht, weil man sämtlicher disponibler Mannschaften für einen neuen Kaffernkrieg an den östlichen Grenzen der Kolonie bedurfte.

Der Gouverneur von Natal, Sir B. Pine, sandte zwei Regimenter und 700 bewaffnete Zulus.

Diese Truppen kamen zu Winburg an; Warden rief 1000 Bauern zu den Waffen, doch nur 75 gehorchten seinen Befehlen. Ohne die Bauern konnte Warden aber nichts thun. Die Zulus wurden ungeduldig und zogen nach Natal zurück.

Warden berichtete dies alles dem Sir H. Smith und fügte hinzu:

„Zweidrittel der Bauern sind Aufrührer in ihrem Herzen.“

Lord Grey, der englische Kolonial-Minister, von dem Zustand in Kenntnis gesetzt, schrieb augenblicklich an Sir H. Smith, dass England die Regierung der „Souveränität“ (dies war der alte Name des Vrystaats) übernommen hätte, weil man versicherte, die Bauern wünschten es. England deshalb nur diesen Wünschen nachgekommen war. Da sich nun aber zeigte, dass die englischen Beamten weder Einfluss besassen, noch die Macht ausüben konnten, war der Minister der Meinung, dass man das Land möglichst bald verlassen müsste — selbstredend ohne die Ehre Ihrer Majestät zu kompromittieren.

Die Kommissare Hogge und Owen wurden zu dem Zweck nach dem Vrystaat gesandt. Wir sahen, dass sie in 1852 Transvaal als unabhängigen Staat anerkannten.

Lord Grey schrieb noch Ende 1851 an Sir H. Smith:

„Wir müssen es als eine ausgemachte Sache betrachten, dass wir die Souveränetät möglichst bald aufgeben."

Hogge und Owen sahen sofort nach Ankunft, welch ein Labyrint der damalige Vrystaat war.

Major Warden wurde auf ihren Rat zurückgerufen, dasselbe Los traf auch Sir H. Smith, den Gouverneur der Kapkolonie, der durch Lord Grey streng getadelt wurde, weil er diese verhängnisvolle Annexion durchgetrieben hatte.

Die Unterhandlungen der Kommissare der britischen Krone mit Moshesh waren nicht sehr fruchtbar. Sie begriffen sehr gut, dass es für das englische Ansehen nötig sein würde, den Häuptling die englische Macht fühlen zu lassen, bevor der Vrystaat sich selbst überlassen werden konnte, und auf ihren Rat entschloss sich der neue Gouverneur der Kolonie, Sir George Cathcart (der später in der Krim fiel), kräftig vorzugehen.

Mit 2000 Mann, worunter 450 Ulanen, zog er nach dem Vrystaat (Dezember 1852) und lud alle Häuptlinge ein, auf den Platberg zu kommen.

Von Moshesh forderte er einen Schadenersatz von 10 000 Stück Vieh und 1000 Pferden, welche in drei Tagen geliefert werden sollten.

Moshesh kam und bat in seiner gewöhnlichen poetischen Weise um Frieden.

„Der Friede ist wie der Regen, der vom Himmel träuft, welcher die Erde sättigt und die Saaten üppig emporschiessen macht." Darauf beklagte er sich, dass die Busse seine Kräfte übersteige.

Der Gouverneur liess sich durch die glatte Zunge Moshesh nicht täuschen. Seine Antwort war, dass Moshesh Zeit genug gehabt habe, alles, was er den Grenzbauern entrissen, zurückzugeben, und dass ihm kein weiterer Aufschub gewährt werden könne.

„Redet nicht von Krieg," erwiderte Moshesh, „denn, wiewohl ich den Frieden liebe, wisst Ihr doch, dass

ein Hund, wenn er geschlagen wird, seine Zähne zeigt."
Auf den bestimmten Tag sandte er nur 3500 Stück
Vieh statt 10 000. Sir Georg entschloss sich daraufhin,
den Krieg zu eröffnen. (20. Dezember.)
Die englische Macht marschierte in drei Kolonnen,
die sich auf Thaba Bosigo begegnen sollten.
Zwischen dem englischen Lager und dem Thaba
Bosigo liegt die hohe, ausgebreitete Fläche Berea mit
zahlreichen Schluchten und Abhängen.
Die erste Kolonne, unter Oberst Cloete, sollte vor-
wärts ziehen, bis an den Fuss der Berea, die zweite,
unter Oberst Eyre, die Spitze erklimmen und die dritte,
unter Oberst Napier, mit der Kavallerie die Ostseite
rekognosziren, um später mit den beiden andern Kolonnen
bei Thaba Bosigo zusammenzutreffen.
Die Basuto, beinahe sämtlich beritten und gut be-
waffnet, hatten sich hauptsächlich bei Thaba Bosigo
zusammengezogen; einzelne kleine Patrouillen beobach-
teten die Bewegungen der englischen Truppen.
Eine dieser Patrouillen hätte beinahe den Gouverneur
getötet.
Man hatte verabredet, dass diese drei Kolonnen
sich mittags treffen sollten. Eyre jedoch traf erst gegen
Abend und Napier gar nicht ein. Da er grosse Vieh-
herden auf dem Berge gesehen hatte, sandte er seine
Ulanen, dieselben wegzunehmen.
„Es war eine Thorheit," schrieb Sir George
später seinem Bruder Lord Cathcart, „dass Napier
seine Kavallerie auf einen 5- bis 600 Fuss hohen
Berg sandte, der nur an drei Punkten für Pferde zu-
gänglich ist."
Plötzlich wurde die Division Napier durch die
Basuto angefallen. Vier Offiziere und 23 Soldaten fielen.
Oberst Napier hatte 4000 Stück Vieh erbeutet, aber
den Befehl, sich bei Thaba Bosigo mit den andern
Kolonnen zu vereinigen, nicht ausgeführt; er zog sich
nach seinem Lager zurück.

Oberst Eyre war am Thaba Bosigo angekommen; unterwegs hatte er 1500 Stück Vieh erobert.

Plötzlich wurde er von 7- bis 800 Basuto überrascht: die vordersten hatten die Uniformen der gefallenen Ulanen von Napier angezogen, so dass Eyre sie für Engländer hielt, bis sie zum Angriff übergingen. Eyre bot indessen mutig Widerstand und zog sich fechtend bis zur Fläche zurück, wo ihn Sir George mit der Kolonne Cloete aufnahm.

Sir George hatte lange gewartet. Beinahe 10 000 Basuto-Reiter bedrohten ihn. Die Position des Generals war äusserst kritisch. Moshesh rief ihm zu: „*Marène a ka. Marène a ka, ga u tabe ma u eslang ka teng.*" (General, General, Ihr wisst nicht, was Ihr thut.)

Die Engländer waren der Übermacht nicht gewachsen. Moshesh hätte die ganze englische Streitmacht vernichten können, wenn er es gewollt hätte, doch er wusste zu wohl, was er dann zu erwarten hatte.

Die Basuto zogen sich gegen Abend zurück. Sie hatten die Engländer möglichst geschont, so dass dieselben nur 11 Tote und 11 Verwundete zählten.

Des Nachts rief Moshesh seine Ratgeber zusammen. Er beschloss, sich an Sir George um Frieden zu wenden, und sandte ihm folgendes Schreiben zu:

„Thaba Bosigo, Mitternacht, 20. Dezember 1852.

„Excellenz! Ihr habt heute gegen mein Volk gefochten und viel Vieh erobert. Und da es Euer Zweck war, eine Schadloshaltung für die Bauern zu erwirken, ersuche ich Euch, mit dem zufrieden zu sein, was Ihr gewonnen habt. Ich bitte um Frieden. Ihr habt mich gezüchtigt. Lasst es genug sein, und betrachtet mich nicht länger als den Feind der Königin. Ich werde mein möglichstes thun, künftig mein Volk ruhig zu halten.

„Euer treuer Diener

„Moshesh."

Dieser Brief war aufgesetzt und geschrieben durch Nehemiah Moshesh, den Thronfolger, der in den späteren

Basuto-Kriegen eine Rolle spielte. Nehemiah hatte eine sehr gute Erziehung erhalten und in Kapstadt die Schule besucht. Bei ausserordentlichen Gelegenheiten trug er selbst weisse Glacé-Handschuhe.

Der Gouverneur nahm die Unterwerfung Moshesh's an, und damit war das englische Ansehen gerettet. Indessen warnte er Moshesh, vorsichtig zu sein, da er den Bauern Vollmacht geben würde, gegen den Viehraub einzuschreiten.

In seinem Bericht an Lord Grey behauptete auch Sir George, dass England seine Grenzen in Süd-Afrika nicht ausbreiten müsse. Er berechnete, dass, um das englische Ansehen im Freistaat zu behaupten, ein Lieutenant-Gouverneur dort mit wenigstens 2000 Mann, sowohl die Bauern, als auch die mächtigen Kaffernhäuptlinge, im Zaum halten müsse.

In einem zweiten Schreiben sagte Sir George Cathcart:

„Je mehr ich über die Lage dieses Landes nachdenke, desto mehr werde ich überzeugt, dass es für uns ohne Nutzen ist. Das Land hat seine Reize, das Klima ist prächtig und das Wild in Überfluss, so dass die holländischen Familien beinahe ganz von der Jagd leben. Aber bei alledem ist es ein grosses Terrain, das nichts besitzt, um seine Anheftung an eine Grenze zu gestatten, die schon viel zu ausgedehnt ist. Es gibt uns keinen Vorteil, es gibt keine neuen Kräfte dem englischen Gouvernement, kein Vertrauen auf seinen Charakter, keinen Ruhm seiner Krone.“

Gleichartige Gründe hatten schon früher zu der Unabhängigkeits-Erklärung von Transvaal geführt. (1851 und 1852.)

Lord Grey sandte nun als speziellen Kommissar Sir George Russel Clerk mit der Vollmacht, den Freistaat unabhängig zu erklären. Dieser Kommissar von Ihrer Majestät kam im August 1853 in Bloemfontein an. Dort fand er zwei Parteien. Da er mit der ersten, anti-republikanischen, Partei nicht weiter kam, wandte

er sich an die republikanische, die weitaus die Mehrheit
der weissen Bevölkerung vertrat.

Auf einem Meeting am 23. Februar 1854 wurde
alles festgestellt und am 8. April ein Beschluss der
„*Queen in Council*" proklamirt, der den Vrystaat unabhängig erklärte.

England zahlte der neuen Republik 90 000 £ für
frühere Verluste. Von diesem Geld bekam die Republik
von Pretorius einen Teil.

---

## IX.

## Verhältnisse der Republiken untereinander und zu ihren Nachbarn.

## Annexion der Republik Zoutpansberg.

## Innere Unruhen.

Der Oranje-Vrystaat wurde eingerichtet nach dem
bekannten Modell. Ein Volksrat wurde ernannt, man
wählte einen Präsidenten (Herrn J. Hoffmann), Gesetze
wurden gemacht u. s. w.

Alles schien in Ordnung zu gehen, als durch die
Unvorsichtigkeit Hoffmanns ein Bürgerkrieg ausbrach.

Hoffmann, der die allgemeine Überzeugung teilte,
dass man Moshesh, den geschwätzigen, aber mächtigen
Philosophen von Thaba Bosigo, zum Freund halten müsste,
machte ihm einen Besuch, bei welcher Gelegenheit er
ihm ein Fässchen Pulver zum Geschenk machte. Dem
*n'chosi marena* (König), der wohl Blei, aber kein Pulver
mehr besass, war dieses Geschenk sehr willkommen.
Sofort zog er gegen die farbigen Bundesgenossen der
Republik aus und raubte ihnen Kühe, um sie mit seinen
Herden zu kreuzen.

Hoffmann war schon längst wieder in Bloemfontein,
als ihn diese Nachricht erreichte.

In seinem Bericht an den Volksrat hatte er vergessen, des verhängnisvollen Fässchens Pulver Erwähnung zu thun, doch war es nicht geheimgeblieben, und der erzürnte Volksrat wollte den Präsidenten absetzen.

Er fand Stütze bei der englisch-gesinnten Partei, die den Plan machte, sich des Forts bei Bloemfontein zu bemächtigen. Aber die Republikaner waren ihnen zuvor und hatten das Fort bei Zeiten besetzt. Hoffmann nahm darauf seinen Abschied und trat in das Privatleben zurück (1. Februar 1855).

Während der neuen Präsidentenwahl übernahmen die Herren Papenfus und Allisen provisorisch die Geschäfte; man wählte zum Präsidenten Herrn J. X. Boshoff, einen sehr verdienstlichen Mann, der sich schon in der Geschichte von Natal hervorgethan hatte.

Boshoff fand alles in einer entsetzlichen Verwirrung. 1) Die Kasse der Republik war leer. Von den 90 000 £, die England bezahlt hatte, war kein Penny mehr vorhanden. 2) Die Landdrosten der vier Distrikte regierten auf eine eigenmächtige Weise, wobei sie, wie man sagte, selbst am besten fuhren. 3) Die Verhältnisse zu allen benachbarten Häuptlingen waren sehr gespannt und von allen Seiten drohte der Krieg.

Der gefährlichste war Moshesh.

Nachdem Sir G. Clerk die Grenzen zwischen dem Lande von Moshesh und dem Vrystaate bestimmt hatte, war er abgereist, und Moshesh erklärte in seiner gewohnten blumenreichen Sprache: „dass die Kommissare Ihrer Majestät bei ihrer Abreise die Grenzen mitgenommen hätten".

Aber nicht allein Moshesh drohte. auch der Griquahäuptling Adam Kok zeigte sich unruhig; überdies war zwischen Transvaal und dem Vrystaat eine ernsthafte Differenz entstanden.

Pretorius blieb noch ganz von der Idee eingenommen, alle Bauern-Republiken zu vereinigen. Obschon es ihm nicht gelungen war, die Republiken Zoutpans-

berg und Lydenburg der südafrikanischen Republik ein-
zuverleiben, hielt er doch den Augenblick für gekommen,
den Vrystaat zu annektieren. Einer der Freunde von
Pretorius, Schoeman (nicht der Kommandant von Zoutpansberg), ging nach Bloemfontein. Er benachrichtigte
Boshoff, dass Pretorius nach einigen Tagen kommen
würde. Pretorius kam und zeigte seine Akkreditive; die
durch den Transvaaler Volksrat am 5. September unterzeichnet waren. Er verlangte 1) einige Dokumente
seines Vaters, Andries Pretorius, die sich in den Archiven von Bloemfontein befänden; 2) Vergütung der Kosten,
die sein Vater machen musste, um die Schlacht von
Boomplaats liefern zu können; 3) Vereinigung des Vrystaats mit der südafrikanischen Republik.

Das Gouvernement von Bloemfontein beantwortete
diese Fragen sehr kategorisch durch den Befehl an
Pretorius, die Stadt und das Land innerhalb 24 Stunden
zu verlassen.

Pretorius kehrte in seinem Wagen, der mit sechs
Pferden bespannt war, nach Transvaal zurück. Dort
trug er seine Erlebnisse dem Volksrat vor, der, aufgebracht über die Behandlung, die seinem Präsidenten zu
teil geworden, die Bürger zu den Waffen rief.

Boshoff und der Volksrat thaten dasselbe. Beide
Heere, jedes 7- bis 800 Mann stark, begegneten sich bei
Rhenosterrivier (am Vaalfluss, der Grenze der beiden
Republiken). Aber es kam zu keinem Blutvergiessen.
Die Transvaaler Kommandanten, Paul Krüger, Grobbe-
laar und Uys, knüpften Unterhandlungen an und der
Friede wurde geschlossen.

Der Traktat, am 1. Juni 1857 unterzeichnet, enthielt
zehn Artikel. Die Hauptsache war, dass die beiden
Republiken sich nicht vereinigten.

Im Norden gelang es Pretorius besser.

Die Republik Zoutpansberg hatte sich, als Pretorius
gegen den Vrystaat zog, vorbereitet, diesem zu helfen
und der südafrikanischen Republik in den Rücken zu

3*

fallen. Dieser Umstand hatte Pretorius hauptsächlich veranlasst, mit dem Vrystaat so schnell Frieden zu schliessen. Kaum war der Vertrag unterzeichnet, als er in Eilmärschen nach den Makhalibergen zog, wo die Zoutpansberger mit ihren Ochsenwagen gelagert waren. Die Zoutpansberger waren dem Pretorius nicht gewachsen; Pretorius hatte drei Kanonen, von welchen zwei, „das Schmutzmännchen" und „die schwarze Grete", später berühmt wurden.

Das Schmutzmännchen hatte seinen Namen dem Umstand zu verdanken, dass es die Kugeln, statt in vorgeschriebenem Parabol, über die Erde laufen liess, so dass sie bei regnerischem Wetter im Schmutze blieben.

Auch die schwarze Grete hatte ihre Eigentümlichkeiten.

Beide Kanonen wurden später bei der Belagerung von Potchefstroom benutzt.

An der Spitze der Seinigen näherte sich der riesige Pretorius auf einem grossen weissen Ross. Die Zoutpansberger sahen, dass es ihm ernst war. Die Weiber liefen zwischen den Wagen hin und wieder und erklärten, dass „Mynheer Pretorius doch gar zu böse sei". Sie flehten die Männer an, zu kapitulieren, was denn auch geschah.

Aber Pretorius nahm die Kapitulation nur unter dem Vorbehalt an, dass Zoutpansberg in Zukunft einen Teil der südafrikanischen Republik ausmachen solle. Dieser Punkt wurde zugestanden.

Man feierte zusammen das Fest der Verbrüderung — und Pretorius zog darauf nach seiner Residenz Potchefstroom zurück.

Die Zoutpansberger begaben sich heimwärts und blieben dem Traktate treu.

Von jetzt an waren sie Bürger der südafrikanischen Republik. (Die Annexion wurde in 1858 offiziell verkündigt.)

Boshoff war inzwischen nach Bloemfontein zurückgekehrt. Der Volksrat dankte ihm für die ausgezeichnete Art, wie er die Differenzen mit Transvaal geebnet hatte. Der Volksrat von Transvaal brachte seinerseits dem wackern Pretorius seinen Dank dar. Damit war der Krieg zwischen dem Vrystaat und Transvaal beendet und hatte die Republik Zoutpansberg aufgehört, zu bestehen. Auf dem gleich friedlichen und diplomatischen Wege wusste Pretorius die Republik Lydenburg mit der südafrikanischen Republik zu vereinigen (1860). Nach dem Friedensschluss mit Transvaal fand Boshoff den Zustand im Vrystaat so drohend, dass er schon damals befürchtete, die Republik gegen ihre Feinde nicht verteidigen zu können. Eine Unzahl von Friedenspakten wurde mit Moshesh abgeschlossen, jedoch ebenso schnell durch diesen Häuptling wieder gebrochen.

Dabei erhoben die Buschmänner-Häuptlinge Kous-Kop (Strumpf-Kopf) und Scheele Kobus (Scheeler Jakob) ihre Häupter und bestahlen die Bauern.

Sie wurden nach Verdienst gezüchtigt, doch mit Moshesh ging das nicht so leicht; Boshoff hatte nicht die nötige Macht, ihn zu unterwerfen. Die Disziplin unter den Bauern war damals besonders schlecht; sie unterstützten ihren Präsidenten nicht. Die Opposition gegen Boshoff wurde immer stärker. In seinem bedrohten Zustande meinte der Präsident, dass eine Konföderation mit der Kapkolonie den Vrystaat vor dem gänzlichen Untergang retten könnte. Die republikanische Partei wollte jedoch von einer solchen Konföderation nichts wissen. Sämtliche Massregeln, durch Boshoff vorgetragen, wurden durch die Bürger mit Misstrauen betrachtet und dagegen gestimmt.

Einige unglückliche Expeditionen gegen Moshesh erregten Zweifel bei den Bauern, ob ihr Präsident seiner hohen Stellung gewachsen sei, denn bei ihnen galt als Regel, dass der Erfolg durch die Tüchtigkeit bedingt werde.

Der Präsident sah, dass diese Opposition gegen ihn täglich grösser wurde. Im April 1859 legte er deshalb seinen Posten nieder.

Herr Snyman wurde zum Präsidenten *ad interim* gewählt. Seine erste That war, die Unterhandlungen über die Konföderation mit Sir George Grey, dem Gouverneur der Kolonie, abzubrechen. Durch das Volk wurde M. W. Pretorius, der Präsident des Transvaallandes, mit einer glänzenden Mehrheit zum Präsidenten des Vrystaats gewählt. Pretorius meinte nun, seinen grossen Plan, die Vereinigung sämtlicher Bauern-Republiken, ausführen zu können. Er entschloss sich, die Ernennung vorläufig anzunehmen und verlangte deshalb von dem Volksrat in Transvaal einen Urlaub von sechs Monaten, um den Vrystaat besuchen zu können.

In Bloemfontein leistete er sofort den Eid als Präsident des Vrystaats. Das hatte man jedoch in Transvaal nicht bezweckt. Der Ausführungsrat rief sofort den Volksrat zusammen und dieser beschloss im September 1860, seinen Tadel über das Benehmen von Pretorius auszusprechen. Der Präsident wurde aufgefordert, augenblicklich nach Pretoria zurückzukehren, um sich zu verantworten. (Pretoria war kurz zuvor gegründet und zum neuen Sitz der Regierung gewählt, weil es mehr als Potchefstroom in der Mitte der Republik lag.)

Pretorius kam und erklärte dem Volksrat, weshalb er die Präsidentschaft des Vrystaats angenommen habe. Mit seinen Erklärungen gab man sich zufrieden. Sein Urlaub wurde verlängert und man beschloss, dass seine Stelle in Transvaal zeitlich durch einen stellvertretenden Präsidenten wahrgenommen werden solle. Herr J. H. Grober wurde als solcher gewählt.

Den Freunden von Pretorius gefiel diese Wahl nicht. Sie beriefen sich auf die Konstitution, welche vorschrieb, dass in dem gegebenen Falle das älteste Mitglied des

Ausführungsrates, Schoeman, als Präsident gewählt werden müsse.

Aber die Partei von Paul Krüger wollte wieder Schoeman nicht haben. Bald wehte die schwarze Fahne — das Zeichen des Bürgerkrieges — in Pretoria. Die Freunde Schoemans vereinigten sich bei seinem Hause in Pretoria. Die Partei von Krüger besetzte den Markt und die Regierungsgebäude.

Es gelang Schoeman mit einigen Freunden, nach dem Vrystaat zu flüchten; seine übrigen Freunde wurden durch Ohm Paul gefangen genommen. Der Volksrat bestand nicht mehr.

Dieser verwirrte Zustand dauerte bis zum 9. Januar 1864, also volle drei Jahre. Als Eigentümlichkeit dieses Bürgerkrieges wollen wir die Bombardierung von Potchefstroom (8. Oktober 1862) durch Rensburg und Krüger leicht berühren, die ihrerseits wiederum durch Viljoen, einen Freund von Pretorius, dermassen geschlagen wurden, dass Ohm Paul es geraten fand, nach Rustenburg auf sein Ackergut zu flüchten.

Bei dieser Belagerung haben sich die berühmten Kanonen Schmutzmännchen und Schwarze Grete ausgezeichnet.

Nachdem Krüger geschlagen war, kam Schoeman nach Transvaal zurück, begleitet von seinem Sekretär H. Stiemens (meinem geachteten Freund, der jetzt zu Aalten in Gelderland ruhig auf sein arbeitsames und nützliches Leben zurückblickt).

Stiemens zog mit den Truppen von Viljoen nach Pretoria und besetzte die Regierungsgebäude und sonstigen Bureaux.

Krüger hatte seine Partei wieder zusammengezogen und befand sich in einer starken Position bei den Quellen eines Krokodilenflusses, wo er bald durch Schoeman und Viljoen mit ungefähr 600 Mann aufgesucht wurde.

Verschiedene Freunde von Schoeman waren die Gefangenen der andern Partei gewesen. In der Absicht, sich zu rächen, stürzten sich 25 mit verhängtem Zügel auf den Feind.

Ein fremdartiges Duell fand dabei statt zwischen Minnaar (bekannt unter dem Namen Schwarzer Flip), einem Offizier von Schoeman, und Ensel, einem Offizier der Gegenpartei.

Minnaar rief Ensel zu, dass nicht allein die Bürger, sondern auch die Offiziere ihre Kräfte messen müssten, er forderte ihn deshalb heraus und überliess ihm den ersten Schuss.

Beide waren zu Pferde. Sie ritten aufeinander los und Ensel schoss auf Minnaar — doch er fehlte.

Darauf gab Minnaar Feuer und Ensel fiel, durch eine Kugel in die Stirn getroffen. Nun wurde der Kampf ein allgemeiner. Das Resultat blieb zweifelhaft. Es wurde ein kurzer Waffenstillstand geschlossen, um die Toten (im ganzen 16) zu begraben und die Verwundeten zu verbinden. Darauf verhinderten heftige Platzregen, wie man sie nur in Südafrika sieht, drei Tage lang, die Feindseligkeiten wieder aufzunehmen. In der Zwischenzeit kühlten sich die Gemüter etwas ab, so dass Pretorius, der im Lager von Schoeman zugegen war, Gelegenheit fand, den Frieden zu vermitteln.

Durch einen Traktat vom 7. Januar kam dieser Friede zustande; damit wurde Schoeman als stellvertretender Präsident anerkannt.

Pretorius, der inzwischen im Vrystaat seinen Zweck nicht erreichen konnte, blieb von nun an in Transvaal.

Bei einer neuen Wahl wurde er mit einer grossen Mehrheit als Staats-Präsident gewählt und am 9. Mai 1864 installiert.

# X.

## Pretorius als Präsident des Vrystaates.

## Präsident Brand. Krieg mit den Basuto.

Als in 1860 Pretorius die Präsidentschaft des Oranje-Vrystaates übernommen hatte, wandte er sich sogleich an die englische Regierung, um ihre Zustimmung zu der Vereinigung der beiden Bauern-Republiken zu erlangen. Dieselbe wurde jedoch verweigert, weil Exeter Hall fürchtete, die vereinigten Bauern-Republiken möchten zu stark werden für die armen Kaffern! Die Berichte von Livingstone, Moffat, Inglis, Edwards und den übrigen englischen Missionaren trugen Früchte.

Aber es bestand noch ein geheimer Grund, der England bewog, diese Vereinigung zu verhindern. Die beiden Republiken würden eine starke Macht sein, und wie andere grosse Nationen liebt England keine starken Nachbarn.

Pretorius erhielt zur Antwort, dass man die Vereinigung der beiden Republiken betrachten würde als eine Verletzung der Unabhängigkeitsverträge von 1852 und 1854, die *ipso facto* ausser Kraft treten würden.

Als auf eine abermalige Anfrage keine günstigere Antwort erfolgte, wandte Pretorius seine Aufmerksamkeit einer andern Frage zu. Die beiden Republiken haben keine Häfen; ihre ganze Ein- und Ausfuhr muss über Natal geschehen, das seine Ausgaben beinahe ganz mit den Zöllen deckt, welche die Republiken bezahlen. Die Vorstellungen, welche Pretorius über diesen Punkt der britischen Regierung machte, fanden kein Gehör. Sie wollte keine Verminderung dieser drückenden Steuern zugestehen, und so mussten die Republiken das englische Natal auf ihre Kosten unterhalten.

Das einzige, was Pretorius erreichen konnte, als er selbst nach Natal ging und mit dem Gouverneur, General

Bisset, sprach, bestand darin, dass Gouvernementsgüter für Transvaal von Durchfuhrzöllen befreit werden sollten.

Auch unter der Führung von Pretorius blieb der Vrystaat in Schwierigkeiten mit Moshesh verwickelt. Pretorius wusste jedoch durch seine Persönlichkeit einen solchen Einfluss zu behaupten, dass der Häuptling erklärte, einen ewigen Frieden zu wünschen, und sich auch verhältnismässig ruhig verhielt. Dennoch raubten die Basuto zeitweise das Vieh der vrystaatlichen Bauern.

Im Vrystaat waren viele nicht begeistert von dem Ideal des Pretorius, einer grossen Bauern-Republik. Englische Agenten erregten die Opposition und wiesen darauf hin, dass eine Vereinigung mit Transvaal, das durch den Bürgerkrieg sehr gelitten hätte, durchaus keinen Vorteil abwerfen würde.

Pretorius nahm darauf seinen Abschied und ging nach Transvaal zurück, wo er, wie wir gesehen haben, die Parteien zu versöhnen wusste.

Seine Stelle im Vrystaat wurde zeitlich durch Herrn Venter (1863) besetzt, zum definitiven Präsidenten wurde Herr J. H. Brand gewählt.

Johannes Henrikus Brand, ältester Sohn von weiland Sir Christoffel Brand, dem verdienstvollen Präsidenten des kapischen Parlaments, wurde geboren in Kapstadt den 6. Dezember 1822. In 1845 promovierte er in Leiden als Doktor der beiden Rechte. In 1849 wurde er als Advokat bei dem Inner Temple in London zugelassen. Nach Kapstadt zurückgekehrt, gab er dort in 1858 an der High School einen Kursus in den Rechtswissenschaften. Mit ihm tritt der Vrystaat in einen neuen Zeitabschnitt.

Präsident Brand hatte sofort mit Moshesh zu thun. Um den ewigen Grenzstreitigkeiten mit den Basuto ein Ende zu machen, holte er den Schiedsspruch von Sir Philip Wodehouse, dem Gouverneur der Kapkolonie, ein. Alles wurde geregelt, und Moshesh sparte nichts an schönen Versprechungen (1864), doch dauerte der Friede nicht lange. Im Januar 1865 hatten die Basuto ohne Veranlassung wieder einige Bürger des Vrystaates angefallen. Im Juni desselben Jahres wurden einige Mitglieder der Familie Pretorius (Bürger aus Transvaal), die eine Reise nach Natal gemacht hatten, auf ihrem Rückweg in dem Drakengebirge ermordet. Die Umstände, unter denen der Mord verübt wurde, waren so abscheulicher Art, dass ganz Transvaal sich wie Ein Mann erhob, um Rache zu nehmen.

Der Vrystaat hatte den Krieg bereits angefangen, als die Bürger des Transvaallandes durch eine Proklamation von Pretorius (25. Juli 1865) aufgerufen wurden und unter Führung von Pretorius und Krüger im September gegen die Basuto auszogen.

Der Friede wurde geschlossen in 1866. Transvaal hat sich später mit den Basuto nicht mehr aufgehalten, hauptsächlich, weil das Verhältnis zwischen den beiden Präsidenten Brand und Pretorius weniger freundschaftlich wurde.

Der Vrystaat musste in 1867 noch einmal gegen Moshesh kämpfen, und erst nach der grössten Anstrengung siegte die Republik.

Als Moshesh sah, dass er verloren war, rief er die Hilfe von England an. (Auch Napoleon III. hatte auf Ersuchen der katholischen französischen Mission England um Schutz für die Basuto gebeten.) England schritt ein, und gerade als die Bauern im Begriffe waren, Thaba Bosigo einzunehmen, wurden durch Sir Philip Wodehouse die Basuto zur grössten Enttäuschung der Bauern zu englischen Unterthanen erklärt.

In dieser Weise wurde im März 1868 Basutoland britisches Kronland, dessen Verwaltung vorläufig dem Sir Walter Currie übertragen wurde.

Der Vrystaat war, wie Transvaal, erschöpft und verarmt. Schon seit lange bestand in den beiden Republiken Geldmangel, dem diese durch Ausgabe von Banknoten Abhilfe schafften.

Diese Noten wurden später durch Präsident Brand und noch später durch Präsident Bürgers eingezogen und *al pari* gegen englisches Geld eingewechselt. Bei der Einlösung der Banknoten legte vor allem Präsident Brand ein grosses administratives Talent an den Tag. Wir haben vom Vrystaat nur noch eben die Geschichte der Diamantfelder zu erwähnen. In 1868 wurden die ersten Diamanten in dem Gebiete des Vrystaats gefunden.

Später wurden die grossen Minen entdeckt (Kimberley u. s. w.).

Schnell wusste England einen Vorwand zu finden, diesen Boden zu annektieren. Die Rechte der Republik wurden hierbei auf schreiendste Weise verletzt. Später sah die englische Regierung dies selbst ein und bewilligte deshalb der Republik einen Schadenersatz von 90 000 £.

---

## XI.

### Verhältnis der südafrikanischen Republik zu ihren Nachbarn.

### Die Bloemhofer Arbitrage.

### Thomas François Bürgers und sein Programm.

Wir werden die Geschichte des Vrystaats nicht weiter verfolgen und uns jetzt ausschliesslich mit Transvaal beschäftigen.

Von 1865—1870 that Pretorius, unterstützt durch den wackern Volksrat, sein möglichstes, die Verwaltung des Landes zu verbessern.

Wir werden hierüber nicht in Einzelheiten kommen, sondern nur die Verhältnisse von Transvaal zu dessen Nachbarn betrachten, umsomehr, da einige interessante Punkte der innern Organisation des Landes später besprochen werden müssen.

Die erste Schwierigkeit entstand mit dem Oranje-Vrystaat, der auf einem Teil von Transvaal Anspruch erhob. Transvaal behauptete dagegen, Recht auf gewisse Teile des Vrystaats zu besitzen. Man war übereingekommen, die wirklichen Quellen des Vaalflusses, die man nicht genau kannte, als Grenze zwischen den beiden Republiken anzunehmen. Aber verschiedene Flüsschen, die alle zum Stromgebiete des Vaalflusses gehörten, wurden für den eigentlichen Vaalfluss angesehen. Man kam überein, die Frage durch den Lieutenant-Gouverneur von Natal, Keate, entscheiden zu lassen. Dieser bestimmte darauf die Grenzen, wie sie jetzt auf der Karte von Süd-Afrika vorkommen.

Eine zweite Schwierigkeit — mit Portugal und England — entstand durch eine Massregel des Transvaal-Gouvernements. das durch eine Proklamation Besitz nahm von den Ländern zwischen den Limpopo- und Zambesi-Flüssen. Die Grenzen dieses „annektierten" Gebietes wurden bestimmt durch eine Linie Nord-Süd nach dem See N'gami und von diesem See durch eine Linie West-Ost bis zur Ostküste. Diese Annexion ist niemals in Wirklichkeit zur Ausführung gebracht. Das Land wurde bewohnt durch sehr kriegstüchtige Stämme, unter anderem die Matabele unter Moselekatze (dem in 1872 Lobengula nachgefolgt war). Diese Stämme würden sich nicht der Herrschaft der Republik unterworfen haben, da sie nicht die Macht besass, ihr Ansehen in diesem ausgedehnten Terrain geltend zu machen.

Die englischen und portugiesischen Autoritäten protestierten gegen diese Annexion, welche infolge · dessen durch den Volksrat zurückgezogen wurde. ·

Eine dritte Schwierigkeit entstand durch die Entdeckung der Diamantfelder. Auf einen Teil dieses Territoriums wurde von mehreren Seiten Anspruch erhoben: 1) durch Transvaal; 2) durch den Vrystaat; 3) durch einige inländische Häuptlinge, worunter vor allem den der Griqua.

Noch einmal wurde die Vermittlung von Lieutenant-Gouverneurs Keate angerufen.

Von dieser Arbitrage von Bloemhof (unter diesem Namen ist sie bekannt) wollen wir nur sagen, dass sie die Rechte der Republik auf eine unerhörte Weise verletzte. [1])

Pretorius glaubte sich in diese Arbitrage finden zu müssen und unterzeichnete den unbilligen Traktat als Präsident von Transvaal (17. Oktober 1871); als dies aber bekannt wurde, beschloss der Volksrat, die Bloemhofer Arbitrage nicht anzunehmen, und in hohem Ton wurde die Unvorsichtigkeit des Präsidenten gerügt, der auf den Vertrag von Bloemhof eingegangen war.

Pretorius legte infolge dieses Votums der Volksvertretung vom 20. November 1871 seine Präsidentschaft nieder.

Herr Erasmus wurde darauf zum Präsidenten *ad interim* ernannt.

Um diese Zeit wurde Transvaal besucht durch Thomas François Bürgers, Pfarrer in der Kapkolonie.

Bürgers, aus dem Kapland gebürtig, hatte in Utrecht Theologie studirt und war der modernen Richtung ergeben, er war gleichzeitig mit seinem Freunde Kotzé durch die Kapische Synode seines Amtsen thoben worden. Bürgers wusste sich aber so gut zu verteidigen, dass die englische Verwaltung ihn wieder in sein Amt einsetzte. Zufrieden mit dieser Genugthuung, entschloss er sich, nun freiwillig sein Amt niederzulegen, um in Transvaal Land zu kaufen und sich dort *beatus et procul negotiis* als Bauer niederzulassen.

In dieser Absicht zog er allein nach Transvaal, wo sein Name bereits einen guten Klang besass, durch die Weise, wie er sich gegen die Synode verteidigt hatte. Bei näherer Berührung hatten die Transvaaler Gelegen-

---

1) In dieser Arbitrage spielte vor allem der Missionar Ludorff eine sehr zweideutige Rolle.

heit. seine glänzenden Talente als Redner sowie seine vielseitigen Kenntnisse zu bewundern. Man verlangte zu wissen, ob er Präsident der Republik sein wollte, worauf er zusagte.

Die Kapische Synode musste erleben, dass der gehasste moderne Ex-Prediger durch die streng orthodoxen Bauern von Transvaal zum Präsidenten gewählt werden würde. Vergeblich hatte sie zwei Prediger nach Transvaal entsandt, um diese Kandidatur zu hintertreiben. Die frommen Agenten waren ungeschickt genug, bei den drei vornehmsten Pfarrern in Transvaal (sämtlich höchst achtenswerte Männer) einen unpassenden Ton anzuschlagen, während sie in der plumpsten Art von der Kanzel herab sich über Bürgers ausliessen.

Die Bauern, welche sehr gut einen Gentleman von einem Nicht-Gentleman zu unterscheiden wissen, wurden gegen sie eingenommen und eilten um so mehr nach der Wahlurne, um für Bürgers zu stimmen.

Und so wurde Thomas Fr. Bürgers mit einer glänzenden Mehrheit als Staats-Präsident der südafrikanischen Republik gewählt.

Im Juni 1872 legte er als solcher in die Hände des Volksrats den Eid ab. Sein Programm war: 1) Regulirung der Grenzfragen, 2) Verbesserung der inneren Verwaltung, 3) Abschaffung des Papiergeldes, 4) Verbesserung des Unterrichts, 5) Verbindung der Republik mit ihrem natürlichen Hafen, der Delagoa-Bai.

Eine seiner ersten Regierungshandlungen war der Protest gegen die Bloemhofer Arbitrage. Er fuhr fort zu protestieren, auch als der Gouverneur der Kapkolonie ihm unrecht gegeben hatte. Sein Protest (116 Druckbogen)[1] war ein Meisterstück in jeder Hinsicht, hat aber der Republik wenig Nutzen gebracht.

Zugleich regelte er verschiedene andere wichtige

---

1) Reply of president Bürgers. Capetown, van de Sandt de Villiers & Co., 1874.

Grenzfragen und wusste durch sein humanes und dennoch imponierendes Auftreten viele Häuptlinge mit der Herrschaft der Republik auszusöhnen.

In der Verbesserung der inneren Angelegenheiten war er nicht besonders glücklich, da sein Vorschlag, die Landdrosten mehr direkt unter die Aufsicht der Hauptverwaltung zu bringen, nicht angenommen wurde. Ebenso wenig nahm der Volksrat (1873) seine Vorschläge über die Verbesserung der Rechtspflege an. Diese Vorschläge gingen erst durch, als die Republik schon ihrem Ende nahe war.

Schon seit dem Bürgerkriege (1863) waren die Finanzen der Republik in einem ziemlich traurigen Zustande. Banknoten, deren Kurs tief unter den nominellen Wert gesunken war, schädigten den Kredit der Republik.

Bürgers erhielt die Zustimmung des Volksrats, bei der kapischen Handelsbank ein Anlehen von 60000 £ gegen 6 Prozent abzuschliessen, um die Banknoten *al pari* einzulösen.

Der Unterricht in der Republik liess viel zu wünschen übrig. Bürgers schlug deshalb in 1874 ein Gesetz vor, das den Unterricht verbesserte. Obschon dieses Gesetz durchaus nicht auf Vollkommenheit Anspruch machen kann, wurde damit doch schon vieles verbessert.

Dieselben schwarzen Herren, welche sich der Wahl von Bürgers widersetzt hatten, erhoben noch einmal ihre ehrwürdigen Häupter, um gegen dieses Gesetz zu intriguiren. Der Volksrat hörte jedoch auf die Stimme des Präsidenten und nahm den Gesetzentwurf an.

Unglücklicherweise ist dieses Gesetz nur ein toter Buchstabe geblieben.

In 1874 (November) berief Bürgers den Volksrat, um eine Eisenbahnverbindung zwischen der Republik und der Delagoa-Bai zu besprechen.

Er zeigte, wie die Republik durch die englische Kolonie Natal ausgebeutet und diese beinahe ausschliesslich durch die hohen Zölle, welche die Republik in ihren

Häfen zu zahlen hätte, unterhalten würde. Schon deshalb könne eine Eisenbahnverbindung mit Natal (damals durch einige Nataler projektiert) keinen Vorteil für die Republik abwerfen. Hierzu käme, dass eine Eisenbahn durch Natal bei den grossen Schwierigkeiten des Baues äusserst teuer sein würde (hügeliges Terrain, Flüsse etc.).

Mit Portugal, dem Eigentümer der Delagoa-Bai, hatte Transvaal einen Vertrag unter Stipulierung sehr mässiger Einfuhrzölle abgeschlossen. Die technischen Schwierigkeiten, womit eine Bahn durch Natal zu kämpfen haben würde, bestanden nicht bei der projektierten Linie Transvaal-Delagoa-Bai.

Weiter zeigte er, dass Port Natal einer der schlechtesten, Delagoa-Bai dagegen einer der besten Häfen, wenn nicht der allerbeste Hafen von Süd-Afrika sei und überdies durch seine geographische Lage als natürlicher Hafen der Republik betrachtet werden müsse.

Bürgers sprach in einer Anzahl glänzender Reden für seinen Plan. Wusste er damals, wie gefährlich das Spiel war, welches er spielte? Wusste er, dass die Bahn Pretoria-Delagoa die Kolonie Natal zu grunde richten und deshalb die englische Krone unfehlbar seine Pläne durchkreuzen würde? Bürgers muss es gewusst haben, aber er glaubte sich seines Erfolges sicher. Er kannte die Macht der Intrigue, die Waffe der Nataler, noch nicht.

Der Volksrat beschloss, die Eisenbahn Transvaal-Delagoa anzulegen und ermächtigte den Präsidenten, in Europa eine Anleihe von 300 000 £ abzuschliessen, um damit die Arbeiten anzufangen.

Die Anleihe wurde bei seiner persönlichen Anwesenheit in Holland durch das Bankhaus Insinger & Cie. in Amsterdam eingeleitet; in kurzer Zeit waren 90 000 £ vollgezeichnet. Für dieses Geld wurden in Belgien Eisenbahnmaterialien gekauft, die teils direkt nach Delagoa versandt wurden, teils in Vlissingen liegen geblieben sind.

Der Präsident schloss bei dieser Gelegenheit Freundschaftsbeziehungen mit Holland, Belgien u. s. w. ab, — hauptsächlich in der Absicht, die Republik durch die europäischen Mächte anerkennen zu lassen, wie es auch durch die Vereinigten Staaten geschehen ist.

Darauf ernannte er einige Holländer zum Zwecke, den Unterricht in seinem Lande zu verbessern.

Im Mai 1876 kam Bürgers nach einer Reise von beinahe 1¹/₂ Jahren nach Transvaal zurück.

In seiner Abwesenheit hatte man über ihn und seine Handlungen nachgedacht. Man kam durch dieses Nachdenken zum Schluss, dass der Präsident zu wenig den Zustand des Landes beachtet hatte und dass er in kurzer Zeit zu viele Veränderungen ausführen wollte.

Dies war ein grosser Fehler von Bürgers. Hätte er mehr Ruhe besessen, so würde er die Republik von ihrem drohenden Untergange gerettet haben.

Er wusste, dass eine Gesellschaft in Natal schon lange die Annexion von Transvaal wünschte. Die Annexion war seit mehr als zehn Jahren der bleibende Gedanke von Shepstone. Deshalb hätte Bürgers die Eisenbahn nach Delagoa, wodurch die Annexion der Republik eine Lebensfrage für Natal wurde, nicht sofort durchtreiben, sondern bis zu einer günstigeren Zeit ausstellen sollen.

Als er zurückkehrte, waren die Bürger der Republik schon durch Agenten aus Natal bearbeitet. Das Vertrauen zu dem Präsidenten fand sich erschüttert. Bürgers war ein edler Mensch, der an Verräter in seiner Umgebung nicht glauben konnte.

Der Staatssekretär Swart, sein Jugendfreund, hatte sich so weit vergessen, dass er durch Natal gewonnen wurde. Durch seine Hülfe an dem Sturz von Bürgers und an der Annexion der Republik erwarb er sich den Namen Judas Ischarioth. Der Präsident glaubte nicht an seinen Verrat. Er fuhr fort, seinem Staatssekretär

Vertrauen zu schenken und liess sich durch ihn zu Thaten verleiten, die verderblich für das Land wurden. Den Vorwand für die Annexion der Republik, nach dem bisher vergeblich gesucht worden war, gaben der Präsident und der Volksrat selbst an die Hand, als sie, durch englische Agenten in ihrer Umgebung irre geführt, den Krieg gegen Secoecoeni beschlossen.

## XII.

### Der Krieg gegen Secoecoeni.

Wir haben früher gesehen, dass die Bauern unter Hendrik Potgieter von den Amazwasi Land kauften, so dass sie gesetzliche Eigentümer des Bodens wurden, worauf Sequati, ein Vasall von Vapuza und Umzwas, wohnte. Sommatjuba, der im Namen der Witwe von Sapuza den Vertrag mit den Bauern abgeschlossen hatte, warnte Potgieter schon damals (1843) vor dem gefährlichen, ehrsüchtigen Charakter von Sequati. Er bot selbst Potgieter an, Sequati, „den Hund von Sapuza", zu töten und seinen Stamm, die Bapedi, auszurotten, „weil dieser Hund Ihnen später viele Mühe machen würde" (Bericht von Hans Stein).

Potgieter wies selbstredend diesen Antrag von der Hand und Sequati blieb auf dem Boden der Bauern wohnen; er genoss selbst ihren Schutz, so dass er reich wurde.

Aber Sequati war undankbar. In 1852 fing er an, das Vieh der benachbarten Bauern zu rauben. und als er durch die Republik Lydenburg gestraft wurde, zog er mit seinem Volk in die natürliche Festung von Loeloeberg. In 1857 fing er an, den Bauern wieder lästig zu werden, doch der Streitpunkt wurde auf eine friedliche Weise durch einen Vertrag mit der Republik Lydenburg ausgeglichen. Als endlich Lydenburg der südafrikanischen Republik einverleibt wurde, hatte sich Sequati beinahe ganz emanzipirt. Er starb kurz darauf, und sein Sohn

Secoecoeni wurde auf seine Bitte durch die Republik als sein Nachfolger anerkannt. Secoecoeni erklärte dabei, ein Vasall der Republik zu sein, und zahlte die gewöhnliche Schätzung, doch hoffte er, sich dieser Abhängigkeit zu entledigen.

Er fing damit an, die deutschen Missionare, denen er Schutz versprochen hatte, zu vertreiben; zugleich verstärkte er seine Kriegsmacht durch Deserteure der Amazwasi, Zulus und Amatonga. Täglich wurde er anmassender; er vertrieb die Bauern von ihren Grenzgütern und bezog die Festungen Kanto, Maseleroen, Mathebo etc. Ein Häuptling von Secoecoeni, Johannes, der in Botsabelo wohnte, bat darauf die Regierung der südafrikanischen Republik um einiges Terrain in der Nähe von Lydenburg. Bürgers liess sich durch Johannes überlisten und gewährte seine Bitte.

Auf dem Terrain, das Johannes angewiesen war, lag eine natürliche starke Festung. Johannes bezog dieselbe, statt, wie er versprochen, die Fläche zu bewohnen.

Die Regierung der Republik verlangte darauf, dass Johannes die Festung räume. Die Antwort lautete, dass er es nicht thun würde, denn diese Festung gehöre Secoecoeni, auf dessen Befehl er dieselbe bezogen hätte. Secoecoeni dagegen behauptete, dass er unschuldig an den Handlungen von Johannes wäre, der inzwischen seine Festung uneinnehmbar gemacht und angefangen hatte, die benachbarten Bauern von ihren Plätzen zu vertreiben und ihr Vieh zu rauben.

Dies geschah, während Bürgers in Europa war. Wäre er in Transvaal gewesen, hätte er noch sehr gut durch energische Massregeln dem Krieg zuvorkommen können, aber der Präsident *ad interim* (P. Joubert) liess die Zeit zum Handeln vorübergehen.

Als Bürgers die Verwaltung wieder übernommen hatte, schickte er sofort Abgesandte an Secoecoeni. Dieselben kamen aber unverrichteter Sache zurück.

Einige Tage später erschienen zwei Idunas (Beamte) des

Häuptlings mit der Erklärung in Pretoria, dass Johannes nur die Befehle des Secoecoeni ausgeführt hätte, doch fügten sie hinzu, der Häuptling sei geneigt, das gestohlene Vieh zurückzugeben, wenn man ihm dagegen abtrete: 1) den Distrikt Lydenburg mit der Stadt, 2) einen Teil des Distrikts Middelburg, 3) einen Teil des Distrikts Pretoria.

Obschon Bürgers keinen Krieg wünschte, wurde er durch den Volksrat mitgerissen, der durch englische Agenten irregeleitet war. Als Bürgers den Entschluss gefasst hatte, wurde er darin noch bestärkt durch einen deutschen Missionar, der ihm die Sachlage sehr übertrieben vorgestellt hatte, sowie durch den Staatssekretär Swart, der für die von ihm unterstützten Annexionspläne von Natal diesen Krieg nötig hatte.

Die gemässigten Reden von Dr. Jorissen und van Bergsma, die vom Krieg abrieten, wurden nicht gehört. Der Volksrat war zu sehr aufgeregt und achtete nicht mehr auf die Stimme der besonnenen Überlegung. Ein Kaffer lässt immer mit sich handeln; hätte man ihm nur einige Konzessionen gemacht, so würde man damit Zeit gewonnen haben, an der Eisenbahn zu arbeiten und den Kredit der jungen Republik nicht in Gefahr zu bringen. Noch besser wäre es gewesen, wenn Bürgers im Anfange seiner Regierung sofort tüchtige Massregeln gegen Secoecoeni ergriffen hätte.

Der Volksrat beschloss also den Krieg.

Bürgers hatte nicht ruhig erwogen, wie er diesen Krieg führen sollte. Er machte den zweiten Fehler, eine zu grosse Zahl von Bauern unter die Waffen zu rufen. Beinahe sämtliche jungen Männer des Landes (2600) wurden herangezogen. Wenn der Präsident sich auf 600 Mann beschränkt hätte, hätte man sie von Zeit zu Zeit ablösen können und der Krieg wäre mit viel geringeren Kosten geführt worden. Aber auch zu diesem Entschluss wurde der Präsident durch den Volksrat gezwungen. Secoecoeni sollte mit Einem Schlage vernichtet werden. Besser hätte man gethan, mit diesen 600 Mann gleich einen militärischen Gürtel zu ziehen, um auf diese Weise den Häuptling aus verschanzten Stellungen zu beschiessen. Dieses System kam später in Anwendung, als die erste kostbare Expedition misslungen war. Aber Bürgers und der Volksrat wollten dem Häuptling imponieren und denselben mit Einem Schlag niederwerfen. Hätten sie aber gut nachgedacht, würden sie gesehen haben, dass: 1) ein grosses Heer in Süd-Afrika lästig ist; 2) dass so starke Festungen, wie diejenigen von S. Mathebi, Johannes u. s. w. schwierig, mit Sturm, aber wohl durch Hunger zu erobern sind.

Bürgers wurde zum Oberbefehlshaber ernannt, während unter ihm Pretorius als General-Kommandant den Befehl führte.

Der erste Anfall wurde gegen die Festung von Mathebi gerichtet.

Der Kommandant Smith liess ohne Resultat stürmen. Darauf erschien Bürgers und elektrisierte die Bauern durch seine Beredsamkeit. Am folgenden Tage stürmte man nochmals und die Festung wurde eingenommen.

Während man Mathebi angriff, musste eine zweite Division unter dem Kommandanten Coetzee Johannes angreifen. Die Truppen von Coetzee wurden durch 3000 Amazwasi, Bundesgenossen der Republik, verstärkt.

Die Amazwasi stürmten und nahmen einen Teil der Festung ein, doch Kommandant Coetzee betrug sich wie ein Feigling: er liess die Amazwasi alles thun und verbot seiner Abteilung Weisser, an dem Kampf teilzunehmen, wiewohl viele vor Verlangen brannten, mitzufechten.

Die Amazwasi waren über die Feigheit von Coetzee empört. Sie hätten beinahe ihre Waffen gegen ihn gekehrt und wollten nicht mehr kämpfen. So verlor die Republik 3000 treue und tapfere Streiter. [1])

1) Landdrost Rudolph wurde später nach den Amazwasi gesandt, um abermals Hilfstruppen zu verlangen. Er wurde gut empfangen, doch erhielt er zur Antwort, dass diese Hilfstruppen bereit wären, wenn Coetzee zu Tode gebracht würde.

Ein Kriegsgericht verurteilte Coetzee zum Tode. Auf das Flehen seiner Familie wurde die Todesstrafe jedoch in eine Geldbusse verwandelt.

Inzwischen hatte sich Pretorius dem Loeloeberg, der Festung von Secoecoeni genähert. Die starke Festung war damals angefüllt von Soldaten und mit Munition und Proviant wohl versehen. Sämtliche Kaffern hatten Gewehre, die sie durch die Krämerpolitik der Engländer längst zuvor erstanden hatten.

Die Bauern waren des Feldzugs bereits müde. Vergeblich erinnerte Bürgers sie an ihre kriegstüchtigen Vorfahren, die Sieger von Moselekatze und Dingaan; es half nichts, sie verlangten „Nach Hause". Die Entschuldigung, welche sich für ihr Verhalten anführen lässt, ist der Umstand, dass sie meistens junge Leute waren und nur wenig ältere Bauern unter ihnen gefunden wurden. Wären mehr gesetzte Leute im Heere gewesen, so würden die jüngeren ihr Geschrei „Nach Hause" wohl zurückgehalten haben.[1])

Der Kriegsrat beschloss darauf, Forts zu errichten, um den Häuptling dadurch zu zwingen, seine Festung zu verlassen und in die Fläche zu kommen.

In den ersten drei Forts wurden noch ungefähr 100 Mann plaziert, welche auf nachstehende Konditionen angenommen wurden: 1) Sold von 5£ per Monat; 2) Kost und Bekleidung frei; 3) Anteil an der Kriegsbeute; 4) Recht auf ein Gebiet von 3000 Morgen Landes in der Nähe von Zuluberg, doch mit der Bedingung, dass sofort nach geschlossenem Frieden dieser Boden bezogen werden musste.

Fort Weeber wurde durch Ferreira kommandiert,

---

1) Im englischen Lager befanden sich englische Agenten als Spione, die bestimmt daran gearbeitet haben, die Bauern gegen Bürgers aufzuwiegeln. Unter ihnen verstehe ich vor allem einen englischen Oberst von zweifelhaftem Ruf.

Fort Bürgers durch den braven. aber unglücklichen v. Schlieckmann. [1])

v. Schlieckmann hatte unter seinen Mannschaften eine ausgezeichnete Disziplin. Es war eine wahre Freude, seinen Lieutenant Dr. Aylward die Kriegsartikel den frisch angeworbenen Leuten vorlesen zu hören. Beinahe jeder Artikel fing mit den Worten an: „*Shall be punished by death*" u. s. w., und der Doktor legte dabei sein Gesicht in solch ernsthafte Falten, dass die Freiwilligen oft schauderten.

v. Schlieckmann brachte Secoecoeni manche Niederlage bei, aber es schien, dass der unglückliche Offizier den Tod suchte. Er fiel kurz nach seiner Ernennung, ihm folgte Dr. Aylward, der eben so gut die Feder wie das Schwert zu führen verstand. [2])

Durch die tüchtige Haltung von Aylward und Ferreira wurde Secoecoeni gezwungen, um Frieden zu bitten, der ihm denn auch durch die Republik unter der Bedingung einer Kriegssteuer zugestanden wurde (Februar 1877).

Dieser Friede gefiel nicht allen Parteien. Englische Agenten versuchten Secoecoeni zu bewegen, ihn zu brechen. England (Depeschen von Sir Henry Barkly) erkannte Secoecoeni an als einen unabhängigen Häuptling auf seinem eigenen Boden und als Freund von England. Die Einwendung von Bürgers an Sir H. Barkly, dass Secoecoeni gerade wie Sequati ein Vasall der Republik sei, blieb unbeachtet.

Natürlich geschah dies von seiten Sir H. Barkly's in der Absicht, die Annexion der Republik zu fördern. Auch in Natal war man während des Krieges nicht un-

---

1) v. Schlieckmann gehörte früher zur deutschen Botschaft in Paris, als v. Arnim Botschafter war.' Als dieser in Ungnade fiel, wurde auch er *persona ingrata.* Nach vielen unglücklichen Abenteuern kam er nach Transvaal.

2) Seine Arbeit „*The Transvaal of to-day*" verdient gewiss eine Übersetzung.

thätig geblieben. Man hatte einen deutschen Missionar
mit einigen Wagen und Munition an Secoecoeni gesandt.
Die Republik hatte diesen Transport in Beschlag ge-
nommen, so dass derselbe Secoecoeni nicht erreichte.
In dieser Weise endigte vorläufig der Secoecoeni-
Krieg, wodurch die Republik sehr erschöpft wurde.

## XIII.

## Die Annexion.

Ich komme jetzt zu der Geschichte der Annexion,
die ich als Augenzeuge durchlebt habe.
Ich werde versuchen, darüber genügend Licht zu ver-
breiten, um manches, was bis jetzt dunkel war, dem
Leser verständlich zu machen.
Wenige dachten daran, dass die Nichtausführung der
Delagoa-Bahn für Natal eine Lebensfrage war. Die
Nataler wussten es sehr gut, ebenso Shepstone, sein
Schwager J. Henderson und ihr gemeinschaftlicher Freund
Swart, der Staatssekretär der südafrikanischen Republik.
Bürgers war mit den Gedanken nur bei seinen Re-
formplänen, während er alle Kräfte anspannte, damit
die Arbeiten an der projektierten Delagoa-Bahn ange-
fangen werden konnten, ohne daran zu denken, dass er
gerade damit die Krisis beschleunigte.
Swart hatte, wie gesagt, Bürgers zu dem Secoecoeni-
Krieg angetrieben, um der Annexion förderlich zu sein.
Bürgers war in die Falle gegangen, die ihm durch den
vertrauten Jugendfreund, den Genossen seiner Pläne,
gestellt war.
Das Triumvirat Shepstone, Henderson, Swart hatte
andere Pläne. Es wollte eine Eisenbahn Natal-Pretoria:
1) um Natal vor einem Bankerott zu retten und 2) aus
eigennützigen Gründen.

Es kostete Shepstone keine Mühe, alle Beamten und die Grosshändler von Natal für seinen Plan zu gewinnen. Denn für alle bestand die Aussicht auf persönlichen Gewinn. Die Presse von Natal unterstützte ihn, und die meisten Blätter in der Kapkolonie druckten nach, was in Natal geschrieben wurde. Shepstone, persönlich bekannt als ein ausgezeichneter und talentvoller Beamter, wusste die Gouverneure von Natal und der Kapkolonie (Sir H. Barkly und den späteren, jetzt verabschiedeten Gouverneur Sir B. Frere) für seine Pläne zu gewinnen und überzeugte sie, dass die Annexion von Transvaal notwendig für die Erhaltung von Natal wäre.

Die Annexion wurde möglich: 1) durch den Secoecoeni-Krieg, wozu, wie erwähnt, Swart den Präsidenten Bürgers durch eigenen Einfluss und durch englische Agenten zu bewegen wusste; 2) durch falsche Berichte von Livingstone, Inglis, Edwards, Ludorff; 3) durch falsche, in den Zeitungen verbreitete Nachrichten über den Secoecoeni-Krieg; 4) durch falsche Vorstellungen von Henderson, der durch seinen Freund Swart von allem unterrichtet wurde und der bei ihm wohnte; 5) durch die Reise von Shepstone nach London (er war kurz nach dem Ausbruche des erwünschten Secoecoeni-Krieges nach London abgereist, um dort persönlich für seine Pläne thätig zu sein: Lord Carnarvon wollte die Annexion nicht, und das Triumvirat musste seinen ganzen Einfluss und alle genannten Mittel anwenden, um den Minister zu bewegen, die Vollmacht für Shepstone zu unterzeichnen); 6) durch Listen mit fingierten Namen, die dem Kolonialminister den Eindruck machen mussten, dass die Annexion durch das Volk der Republik selbst gewünscht würde.

Während Shepstone in London war, telegraphierten englische Agenten dahin die übertriebenen Berichte, welche in den Zeitungen der Kolonie und selbst in denen von Transvaal (mit Ausnahme der „Volksstem") vorkamen.

Überdies erhielt Lord Carnarvon Depeschen von Sir Barkly, der als Freund von Shepstone dessen Pläne begünstigte. Eines dieser Telegramme enthielt die Nachricht, dass die Bauern durch Secoecoeni ganz geschlagen seien und einige tausend Kaffern gegen Pretoria aufmarschierten. Wie Sir H. Barkly zu dieser Meldung kam, ist bis jetzt ein Rätsel.

Lord Carnarvon verlangte sofort von Shepstone und von Brand, dem Präsidenten des Vrystaats (der gerade in London anwesend war) zu wissen, ob diese Berichte Wahrheit enthielten.

Beide hätten sagen können, dass der Bericht vermutlich sehr übertrieben sei, doch sie beschränkten sich darauf, den Bericht nicht für unwahrscheinlich zu finden. So wurde Lord Carnarvon für die Annexion gestimmt.

Das zweite Mittel, wodurch man Lord Carnarvon und das englische Volk irrezuführen trachtete, bestand darin, dass man die alten falschen Berichte von Livingstone, Moffat, Inglis, Edwards, Ludorff für bare Münze ausgab, Shepstone und der Lieutenant-Gouverneur Keate hatten seit Jahren die ihrigen hinzugefügt, man brachte sie in Verbindung mit denjenigen des Sir Philip Wodehouse und den Erzählungen eines gewöhnlichen Verbrechers, Gideon Steyn! Alle diese Berichte wurden durch die guten Freunde von Shepstone aus den Blau-Büchern gesammelt und noch einmal in der Quarterly Review vom April 1877 dem Publikum vorgeführt. Exeter Hall kam in Bewegung und Lord Carnarvon und die britische Nation liessen sich mit hinreissen.

Ein gründliches Studium des Artikels in der Quarterly Review hat mir die Überzeugung verschafft, dass sämtliche darin erwähnten Beschuldigungen falsch sind. Thatsächlich finden sich denn auch in der Edinburgh Review von 1877 viele dieser Beschuldigungen entkräftet.

Schliesslich gab Lord Carnavon nach und unterzeichnete die Vollmacht für Shepstone, der dabei zum speziellen Kommissar Ihrer britischen Majestät ernannt

4*

und zur Annexion von Transvaal ermächtigt wurde,
jedoch unter der ausdrücklichen Bedingung, dass das
Volk oder wenigstens die Mehrheit ihr zustimmte. Um
der Person von Shepstone mehr Würde zu geben, wurde
derselbe zum *Knight Commander of the order of St. Mi-
chael and St. George* ernannt. Sir Theophilus Shepstone
hatte nun, was er wünschte, die Vollmacht zu einer
Annexion der südafrikanischen Republik, und bald reiste
er zurück.

Er war in der That die geeignete Persönlichkeit,
um die schwere und zugleich gefährliche Aufgabe zu
lösen. In seinem langjährigen Umgang mit den Kaffern-
Häuptlingen hatte er eine erstaunliche Selbstbeherrschung
und gleichzeitig persönlichen Mut gezeigt. Dabei war er
ein äusserst geschliffener Diplomat, dem nie ein unvor-
sichtiges Wort entfiel; ausgestattet mit einem eisernen
Gedächtnis, wusste er sich aller wichtigen Gespräche
sofort zu erinnern.

Mit einer Vorsicht, die ihm eigentümlich war, fing
er sofort seine Arbeit an, als er in Kapstadt eintraf.
Der Gouverneur Sir H. Barkly gab ihm auf sein An-
suchen Truppen mit, um nötigenfalls die Annexion durch-
zusetzen. Von Kapstadt kam er nach Natal, wo er sich
noch mit seinen Freunden beriet. Langsam reiste er
darauf nach Pretoria.

Der englischgesinnte Teil der Bevölkerung von Pretoria, worunter vor allem der Staatssekretär Swart, be-
grüsste den Spezial-Kommissar mit Enthusiasmus (22.
Januar 1877).

Der Zweck der Mission von Sir Theophilus blieb
vorläufig ein Geheimnis. Er zeigte der Regierung der
Republik nur eine allgemeine Vollmacht als *„special
commissioner for Natal and adjacent territories“*.

Als Bürgers anfing, einen Truppenkordon um Secoecoeni zu ziehen, begann die Nataler Presse, ihn von
neuem anzugreifen. Einige Blätter thaten es auf eine
rohe Art (Bürgers wurde nämlich durch ein Blatt als

Rauberhauptmann dargestellt), andere in würdigerem Ton, aber erst als er von der Sendung Shepstones hörte, sah er zu spät ein, in welcher Gefahr sich die Republik befand.

Shepstone musste natürlich behutsam zu Werke gehen; die Republik sollte vorher geschwächt werden und er selbst wollte erst über alle schwebenden Fragen im klaren sein, bevor er zur Annexion schritt. Er beschränkte sich vorläufig darauf, das Gouvernement der Republik über einige alte gegen sie eingebrachte Beschuldigungen von geringer Bedeutung zu interpellieren.

Er ernannte seinen Gehülfen Henderson und seinen Freund Osborne (den späteren Kolonialsekretär) zu Kommissaren, um mit den Herren Dr. Jorissen und Paul Krüger die folgenden Punkte zu besprechen: 1) den Mangel an Sicherheit für die englischen Unterthanen in der Republik; 2) das Ausschliessen von englischen Unterthanen bei Vorrechten, die für Niederländer und Belgier bestanden (Verträge von Bürgers mit den Niederlanden und Belgien); 3) die Sklavenfrage und die Misshandlung von Eingeborenen. [1])

Schon sehr bald mussten die Kommissare der Republik protestieren gegen die Beleidigungen, die der Republik in ihrer Person zugefügt wurden, da die Engländer sie als Angeklagte behandelten.

Die Engländer, welche nun hinreichende Zeit gewonnen hatten, brachen die Konferenzen ab (31. Januar 1877). [2])

Shepstone war inzwischen durch Herrn Swart mit der ganzen Korrespondenz der republikanischen Regie-

---

1) Ich selbst habe eine inländische Frau geisseln sehen — in Pietermaritzburg in der englischen Kolonie Natal, wo der englische Magistrat ein Urteil, welches durch einen Kafferhäuptling nach dem Gesetz der Kaffern gesprochen war, ausführen liess.

2) *Correspondence between Sir M. Hicks Beach Bart. and the Transvaal delegates.*

rung bekannt gemacht, und er selbst wusste die Bevölkerung von Pretoria für sich zu gewinnen durch seine sogenannte Champagner-Politik. [1])

Dabei gab er offiziös vor, dass er gekommen sei, eine Konföderation der südafrikanischen Staaten — die Lord Carnarvon wünschte — vorzuschlagen. Aber dieses Palliativ, die südafrikanische Republik zum Vorteil von Natal auszubeuten, hat er niemals wirklich vorgehabt. Es handelte sich nur um einen Vorwand.

Eine grosse Täuschung für ihn war, dass Secoecoeni um Frieden bat, der auch am 15. Februar 1877 unterzeichnet wurde. Sofort sandte er mit den republikanischen Kommissaren Holtshausen und van Gorkom seinen eigenen Bevollmächtigten, und diesem ist es zuzuschreiben, dass Secoecoeni die republikanischen Kommissare unhöflich behandelte und bald nach ihrer Abreise die Feindseligkeiten wieder aufnahm.

Bürgers versuchte, den verhängnisvollen Schlag abzuwehren, aber er wusste kaum noch, wem er trauen sollte, nachdem er entdeckte, dass er von seinem Jugendfreunde an Shepstone verraten war.

Seine übrigen Ratgeber, vor allen Jorissen und Bergsma, blieben ihm bis zum Ende treu zur Seite.

Unglücklicherweise musste Bürgers im Mai 1877 abtreten. Vor dem Krieg mit Secoecoeni war seine Wiederwahl unbedingt sicher, nach diesem Kriege nicht mehr. Viele Bauern wollten Paul ·Krüger; die Städte hatten andere Kandidaten. Englische Agenten bereisten das Land und wussten dasselbe gegen Bürgers aufzureizen.

Bürgers fühlte, dass sein Einfluss verschwunden war.

Von seiner Seite hatte auch er kein Vertrauen mehr in die Bauern. Deshalb schlug er auch eine Aufforde-

---

1) Über die Vorfälle in Pretoria, welche der Annexion unmittelbar vorhergingen, siehe man Th. M. Tromp: Erinnerungen aus Süd-Afrika.

rung von 400 Bauern ab, die mit den Waffen sich der Annexion widersetzen wollten.

Sir Theophilus fand in diesem Zustand, der durch seine Agenten noch verschlimmert wurde, seinen Vorteil. Um Bürgers von bewaffnetem Widerstand abzuschrecken, gab Shepstone zu verstehen, dass er seinen Freund, den Zulukönig Cetewayo, nicht verhindern könnte, die Republik anzufallen, wenn sie nicht annektiert würde. Englische Truppen an den Grenzen von Transvaal mussten diesen Worten Nachdruck geben.

Am 9. April 1877 erklärte Shepstone, nicht länger warten zu können, und beschloss, die Annexion durchzuführen (12. April).

Den englisch gesinnten Teil in Pretoria hatte er durch Vorspiegelung einer Eisenbahn nach Delagoa gewonnen. Nach der Annexion sah man ein, dass es mit der Bahn durchaus keine Eile hatte.

Shepstone hatte den geheimen Zweck der Regierung und der Kaufleute in Natal so gut zu verbergen gewusst, dass die armen Getäuschten später nicht wenig überrascht waren, als sie von der Eisenbahn Natal-Pretoria hörten.

Hätte Bürgers die Republik retten können?

Es wurde mir aus vorzüglicher Quelle in London versichert, dass die Annexion nicht durchgegangen wäre, wenn die Bauern sich mit Waffengewalt widersetzt hätten. Deshalb hatte Shepstone, der geschliffene Diplomat, den gewaffneten Widerstand verhindert und Bürgers hintergangen.

Shepstone bedurfte noch einiger Adressen von Transvaalern, worin sie ihre Beistimmung zur Annexion kundgaben.

Ein gewisser Herr, der seit Jahren durch seine Fertigkeit in dergleichen Fabrikation bekannt ist, übernahm es mit einigen anderen Herren, Unterschriften zu erhalten. So gewann man in London den Eindruck, dass die Annexion in Transvaal gewünscht wäre und durch die Transvaaler als einziger Ausweg begrüsst würde.

Erst später zeigte es sich, dass noch nicht der zehnte Teil der ganzen weissen Bevölkerung mit der Annexion einverstanden war.

---

## Konvention von Zandrivier.

Rapport einer Zusammenkunft im Hause des Herrn P. A. Venter, Zandrivier, am Freitag den 16. Januar 1852 zwischen den Herren Major W. Hogge und C. M. Owen, Ihrer Majestät Assistent-Geschäftsträgern, zur Regulierung der östlichen und nordöstlichen Grenzen der Kolonie Kap der guten Hoffnung, einerseits, und der folgenden Gesandtschaft der ausgewanderten Bauern, wohnend im Norden des Vaalflusses:

A. W. J. Pretorius, Oberbefehlshaber,
J. W. Grobbelaar, Ratsmitglied,
H. S. Lombard, Landdrost,
W. F. Joubert, Oberbefehlshaber,
G. J. Krüger, Kommandant,
P. E. Scholz,
P. G. Wolmanns, Kirchenältester,
J. A. van Aswegen,
F. J. Botes,
W. J. S. Basson,
J. P. Fürstenberg,
J. H. Grobbelaar,
J. P. Pretorius,
J. M. Lehman,
P. Schütte,
J. O. Klopper, Feldkornet,

} Feldkornets.

andererseits.

1. Die Assistent-Geschäftsträger garantieren im vollsten Sinne im Namen des englischen Gouvernements den ausgewanderten Bauern jenseit des Vaalflusses das

Recht, ihre eigenen Angelegenheiten zu verwalten und eine eigene Regierung zu haben; ohne jede Einmengung seitens der Regierung Ihrer Majestät und dass diese Regierung dieses Gebiet jenseit und im Norden des Vaalflusses niemals überschreiten wird, mit der weiteren Versicherung, dass es der sehnlichste Wunsch des britischen Gouvernements ist, den Frieden zu fördern, freien Handel und freundschaftlichen Verkehr mit den jetzt dort wohnenden Bauern wie auch mit denjenigen, die sich dort niederlassen werden, zu unterhalten, immerhin mit dem Einverständnis, dass dieses System von Nichtintervention beide Parteien bindet.

2. Alle Differenzen, die später entstehen könnten über den wahren Sinn des Wortes „Vaalfluss", werden, insofern sie Bezug haben auf die Linie des Ursprungs dieses Flusses über das Drakengebirge hinaus, durch beiderseits erwählte Schiedsrichter entschieden.

3. Die Geschäftsträger Ihrer Majestät verpflichten sich, alle Verbindlichkeiten ihrerseits mit den farbigen Nationen im Norden des Vaalflusses zu widerrufen und zu nichte zu machen.

4. Es ist beschlossen, dass kein Sklavenhandel weder jetzt noch später erlaubt werden soll seitens der ausgewanderten Bauern, die nördlich vom Vaalflusse ihre Wohnsitze haben.

5. Kaufleuten und Reisenden an beiden Seiten des Vaalflusses wird jede Erleichterung und Freiheit zugesichert, jedoch müssen sämtliche Wagen, mit Munition und Waffen beladen, an der Südseite des Vaalflusses von einem Certifikat versehen sein, unterzeichnet durch einen Beamten, der von der britischen Regierung oder sonst dazu ernannt und gesetzlich befugt ist, wobei die Artikel, welche die Wagen enthalten, dem nördlich vom Vaalfluss zunächst wohnenden Regierungsbeamten der Transvaal-Bauern spezifiziert werden müssen und nach dem dort bestehenden Reglement behandelt werden sollen.

6. Es ist beschlossen, dass keine britische Behörde

die Transvaal-Bauern in ihren Ankäufen von Munition in den englischen Kolonien oder Besitzungen in Süd-Afrika hindern soll, und es ist ferner gegenseitig gutgefunden und beschlossen, dass jeder Handel in Munition mit den inländischen Stämmen an beiden Seiten des Vaalflusses verboten sein soll.

7. Es ist beschlossen, dass alle Verbrecher oder sonst schuldige Personen, die den Gerichten entfliehen möchten durch Übersetzen des Vaalflusses, gegenseitig ausgeliefert werden sollen, wenn dies verlangt wird, dass ferner die englischen Gerichtshöfe sowohl wie die der Transvaal-Bauern gegenseitig allen gesetzlichen Prozessen offen sein sollen und schliesslich Vorladungen von Zeugen durch die Regierungen gegenseitig unterstützt werden sollen, um, wenn es verlangt wird, diese Zeugen erscheinen zu lassen.

8. Es ist beschlossen, dass die Ehe-Certifikate, abgegeben durch die Verwaltung der Transvaal-Bauern, gültig und genügend sein werden, den Kindern aus diesen Ehen Recht zu verschaffen auf die Erbteile, welche ihnen in einer englischen Kolonie oder Besitzung in Süd-Afrika zufallen möchten.

9. Es ist beschlossen, dass jeder, der jetzt Eigentümer von Land ist und auf englischem Territorium wohnt, das Recht und die Befugnis haben soll, sein Eigentum zu verkaufen und sich ungehindert über dem Vaalfluss niederzulassen — sowie *vice versa;* jedoch nicht mit Anwendung auf Verbrecher oder Schuldner, ohne dass der Bezahlung ihrer gesetzlichen Schulden Genüge geleistet ist.

Also gethan und unterzeichnet, am Zandrivier, am Platze oben genannt, den 17. Januar 1852.

W. S. Hogge, Ass.-Gesch.

und die andern Obengenannten.

Für gleichlautende Abschrift:

J. H. Visage, Sekr.

## Unabhängigkeitsvertrag des Vrystaats.

Vertrags-Artikel zwischen *Sir George Russell Clerk*, Ritter-Kommandeur des edlen Bath-Ordens, Ihrer Majestäts speziellem Kommissar für die Regulierung und Ausgleichung der Angelegenheiten des Oranjefluss-Gebietes einerseits, und den unterzeichneten Vertretern der Einwohnern des genannten Gebiets, dazu bevollmächtigt:

### Für den Distrikt von Bloemfontein:

George Frederik Linde,
Gerhardus Johannes du Toit,
Jacobus Johannes Venter,
Dirk Johannes Kramfort.

### Für den Distrikt von Smithfield:

Josias Philip Hoffman,
Hendrik Johannes Weber,
Petrus Arnoldus Human,
Jacobus Theodorus Human,
P. v. d. Walt (mit Urlaub abwesend).

### Für Sannahs Poort:

Gert Petrus Visser,
Jacobus Groenendaal,
Johannes Jacobus Rabie,
Esaias Regnier Snyman,
Charl Petrus du Toit,
Hendrik Lodewicus du Toit.

### Für den Distrikt von Winburg:

Friederik Pieter Schnehage,
Mathys Johannes Wessels,
Cornelis Johannes Frederik du Ploi,
Frederik Petrus Senekal,
Petrus Lafras Moolman,
Johan Isaak Jacobus Fick.

Für den Distrikt von Harrismith:

Paul Michiel Bester.
Willem Adriaan van Aardt,
Willem Jürgen Pretorius.
Johannes Jürgen Bornman.
Hendrik Venter (mit Urlaub abwesend).
Adriaan Hendrik Stander.

andererseits:

Art. I. Ihrer Majestät spezieller Kommissar, in der Absicht, einen Vertrag abzuschliessen, um die Verwaltung des Oranjefluss-Gebietes an die gegenwärtigen Vertreter zu übertragen: — garantiert im Namen Ihrer Majestät Regierung die zukünftige Unabhängigkeit dieses Gebiets und dessen Regierung und, dass nach geschehenem Übereinkommen zum Übertrag des Gebiets zwischen Ihrer Majestät speziellem Kommissar und den genannten Vertretern alle Einwohner dieses Gebiets frei sein werden, und dass diese Unabhängigkeit sofort festgestellt, bekräftigt und verkündigt werden soll durch einen Erlass in solcher Form und von solchem Inhalt, wie er durch Ihre Majestät sanktioniert wird. — dass dadurch die Einwohner frei erklärt werden von der Unterthanenpflicht an die britische Krone, welche sie in jeder Hinsicht als ein freies und unabhängiges Volk erklärt und demgemäss behandelt.

Art. II. Das britische Gouvernement unterhält keine Bundesgenossenschaft mit irgend einem der eingeborenen Häuptlinge oder Stämme nördlich des Oranjeflusses, mit Ausnahme des Griqua-Häuptlings, Kapitän Adam Kok. Es ist weder die Absicht noch der Wunsch des Gouvernements Ihrer Majestät künftig auf Traktate einzugehen, welche den Interessen des Oranjefluss-Gebietes nachteilig sein könnten.

Art. III. Was den Vertrag des britischen Gouvernements mit dem Häuptling Adam Kok angeht, so sind darin einige Veränderungen notwendig. Im Streit mit den Bestimmungen dieses Vertrags hat der Verkauf von Land in diesem unveräusserlichen Grundgebiet oftmals stattgefunden, und ist auf diese Weise der Hauptzweck des Vertrages aus den Augen verloren. Ihrer Majestät Gouvernement ist deshalb der Meinung, sämtliche Hindernisse aus dem Wege zu räumen, welche die Griquas verhindern, ihre Ländereien zu verkaufen: es sind Massregeln in Vorbereitung, um diesen Zweck vollständig zu erreichen, indem der Häuptling Adam Kok dieselben schon für seine Person gutgeheissen und bekräftigt hat, alles mit Hinblick auf die weitern Veränderungen, welche entstehen aus der proponierten Revision der Beziehungen mit Kapitän Adam Kok als Folge der genannten jeweiligen Verkäufe von Boden in dem unveräusserlichen Grundgebiet im Streit mit den Bestimmungen des Maitländ'schen Traktats; ferner ist es die persönliche Absicht Ihrer Majestät speziellen Kommissars, ohne unnötiges Säumen die Angelegenheit des Griqualandes auf eine Weise einzurichten, welche allen rechtmässigen Erwartungen der Parteien entspricht.

Art. IV. Nachdem Ihrer Majestät Gouvernement das Oranjefluss-Gebiet verlassen, verpflichtet sich das neue Gouvernement, diejenigen von den jetzigen Unterthanen Ihrer Majestät, welche im Oranjefluss-Gebiet zurückbleiben und vormals unter Ihrer Majestät Regierung gedient haben, in keiner Weise nachteilig zu behandeln, sie sollen solcher Behandlung nicht ausgesetzt sein wegen irgend einer Handlung, die sie dem damaligen Gesetz gemäss verrichtet haben. Gleichzeitig sollen von Ihrer Majestät gegenwärtigen Unterthanen diejenigen ihres Eigentums durch das neue Oranjefluss-Gouvernement versichert werden, welche vorziehen, unter Ihrer Majestät Oberherrschaft zurückzukehren, statt unter dem Oranjefluss-Gouvernement zu bleiben. Sie sollen das volle Recht und die Gelegenheit besitzen, ihr Eigentum zu verkaufen oder zu übertragen, alles unter Vor-

behalt, dass es innerhalb dreier Jahre nach dem Tage
der Konvention geschieht.

Art. V. Ihrer Majestät Gouvernement und das neue
Gouvernement des Oranjefluss-Gebietes sollen in ihren
resp. Grundgebieten gegenseitig alles thun, jedem Übel
vorzubeugen und den Frieden zu unterhalten, indem
sie alle flüchtigen Verbrecher auffangen und ausliefern.
Die Gerichte sowohl des britischen als auch des Oranjefluss-Gouvernements sollen beiderseitigen Einwohnern
offen und dienstbar sein für alle gesetzlichen Prozesse;
ebenso sollen alle Vorladungen von Zeugen gegenseitig
zugesandt und auf der Gegenseite durch Magistratspersonen von beiden resp. Gouvernementen bekräftigt werden,
um diese Zeugen erscheinen zu lassen, wenn und wo
es verlangt werden sollte; ferner soll auf diese Weise
der Bevölkerung nördlich des Oranjeflusses jede Hilfe
von seiten der britischen Gerichte verschafft werden,
während andererseits die Versicherung gegeben wird,
den kolonialen Kaufleuten und Händlern, welche im
Oranjefluss-Gebiete Transaktionen auf Kredit während
der britischen Okkupation desselben eingegangen sind,
jede Erleichterung zum Einzug ihrer gesetzlichen For-
derungen vor den Gerichten des Oranjefluss-Gouvernements zukommen zu lassen; auch soll Ihrer Majestät
spezieller Kommissar die Annahme von solchen gegen-
seitigen Vorrechten dem Nataler Gouvernement in seinen
Beziehungen mit dem Oranjefluss-Gouvernement empfehlen.

Art. VI. Certifikate, welche ausgegeben sind durch
gesetzlich Angestellte, sowohl in der Kolonie und den
Besitzungen Ihrer Majestät, als auch im Oranjefluss-
Gebiet, sollen als vollkommen in Kraft betrachtet werden, um Erben von gesetzlichen Ehen wie auch Vermächtnisse rechtszuständig zu erklären, die Erbteile und
Vermächtnisse innerhalb des Rechtsgebietes, sowohl des
britischen als auch des Oranjefluss-Gouvernements in
Empfang zu nehmen.

Art. VII. Das Oranjefluss-Gouvernement soll weder Sklaverei noch Sklavenhandel dulden innerhalb seines Gebietes nördlich des Oranjeflusses, wie dies bis jetzt gehalten worden ist.

Art. VIII. Das Oranjefluss-Gouvernement soll die Freiheit besitzen, seinen Vorrat von Munition einzukaufen innerhalb einer britischen Kolonie oder Besitzung in Süd-Afrika, alles nach den Gesetzen über den Verkauf und den Transport in diesen Kolonien oder Besitzungen, während Ihrer Majestät spezieller Kommissar dem Kolonial-Gouvernement empfehlen wird, ausgedehntere Vorrechte in Bezug auf Einfuhrzölle dem Oranjefluss-Gouvernement zuzugestehen; sämtlich Massregeln mit Hinblick auf ihre geographische Lage und ihre Entfernung von den Seehäfen.

Art. IX. Um den Händlern und Reisenden gegenseitige Erleichterungen und mehr Freiheit zu verschaffen, ist es der lebhafteste Wunsch von Ihrer Majestät Gouvernement, dass ein freundschaftliches Verhältnis zwischen beiden Besitzungen fortdauere und durch alle verständigen Anordnungen befördert werde. Ein Agent oder Konsul des britischen Gouvernements soll angestellt werden innerhalb der Kolonie in der Nähe der Grenzen; demselben soll speziell die Sorge für alle diese wichtigen Angelegenheiten anvertraut werden; er soll zu jeder Zeit zugänglich sein sämtlichen Einwohnern auf beiden Seiten des Oranjeflusses, um Rat und Information zu geben, wo die Umstände es verlangen.

Also geschehen und unterzeichnet zu Bloemfontein, 23. Februar 1854.

gez.: George Russell Clerk, K. C. B., Ihrer Majestät spezieller Kommissar,

Josias Philip Hofman, Pres.,

George Frederik Linde,

G. J. du Toit, Feldkornet,

J. J. Venter,

D. J. Kramfort,

H. J. Weber, Friedensrichter, Feldkommandant.

P. A. Human,

J. P. Snyman. Feldkommandant a. D.,

G. P. Visser, Friedensrichter,

J. Groenendaal,

J. Rabie. Feldkornet,

E. R. Snyman,

S. P. du Toit.

H. L. du Toit,

E. P. Schnehage,

Ms. Js. Wessels,

C. J. F. du Ploi.

F. P. Senekal, Feldkornet,

P. L. Moolman, Feldkornet.

J. J. J. Fick,

P. M. Bester, Friedensrichter,

W. A. van Aardt. Feldkornet.

W. J. Pretorius,

J. J. Boardman.

A. H. Stander.